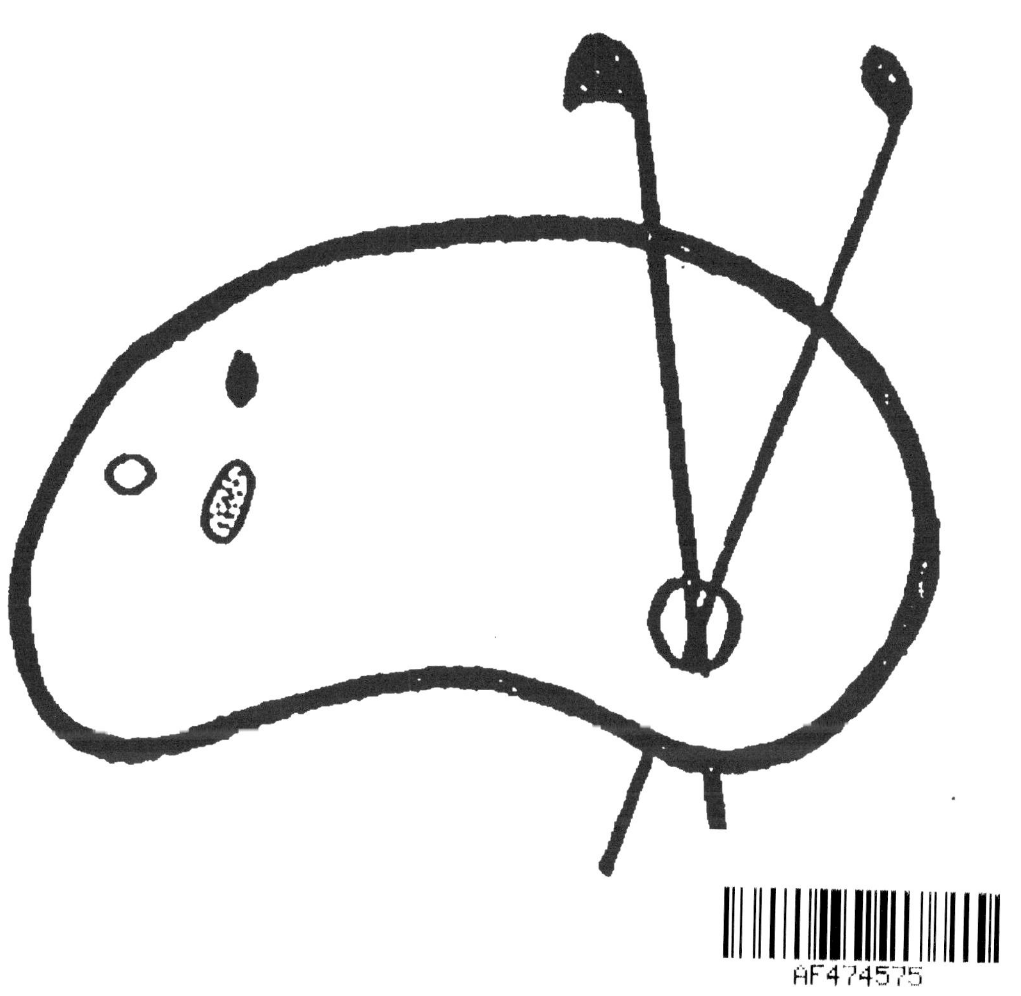

ALBERT COUSIN

TANGER

48 Photogravures.

Augustin CHALAMEL, Editeur
17, rue Jacob, PARIS.

TANGER

DU MÊME AUTEUR

CONCESSION COLONIALE

Préface de M. Emile FLOURENS
ancien Ministre des Affaires Étrangères
Format In-8°, 1889, 1 vol.

CONCESSIONS CONGOLAISES

Format In-8°, 1900, 1 vol.

ALBERT COUSIN
Membre du Conseil supérieur des Colonies

TANGER

48 Photogravures

PREMIÈRE ÉDITION

PARIS
AUGUSTIN CHALAMEL, ÉDITEUR
17, rue Jacob, 17
LIBRAIRIE MARITIME ET COLONIALE

1902

Avant-Propos

Très nombreux sont les ouvrages, études, relations et articles qui ont paru sur le Maroc en général. Mais il n'en est pas de même au sujet de Tanger spécialement. Cette ville marocaine qui se trouve à quelques heures de l'Europe est cependant très particulière, et, quoiqu'elle soit, chaque année, visitée par de nombreux touristes, elle n'est pas très connue telle qu'elle est. Cela tient vraisemblablement à ce que l'on ne trouve pas réunis dans un livre les renseignements dont la connaissance est indispensable pour l'étude d'une ville.

En 1898, durant un premier séjour à Tanger, je fis à toute personne susceptible de me renseigner autant de questions qu'il m'était possible d'en faire sans risquer d'être importun, et je notai les réponses. Puis, après mon retour, j'entretins par correspondance de bonnes relations avec quelques Européens habitant Tanger, et j'obtins ainsi diverses indications utiles.

Quand, en septembre 1901, je retournai dans

cette ville Marocaine, je me livrai à une enquête complète, et je fus favorisé par la très grande obligeance que je rencontrai partout.

En publiant ce livre j'ai voulu me rendre utile, et tout principalement détruire les nombreux préjugés dont Tanger est victime. S'il s'y trouve des lacunes ou des erreurs, je crois avoir quelque droit à l'indulgence du public, car les renseignements que je publie sur Tanger, je ne les ai eus pour la plupart que verbalement. Exception faite du placard de la poste française, je n'ai pas été aidé par des avis, réglements et tarifs imprimés tels qu'il s'en trouve dans toute ville. Aussi serai-je très reconnaissant à tout lecteur qui voudra bien me signaler les corrections et additions jugées nécessaires.

A. C.

Ancien Tanger, vu de la plage.

TANGER

***

Une ville africaine de 35.000 habitants,

D'où l'on aperçoit les côtes d'Espagne qui ne sont distantes d'elle que de 14 milles,

Où:

Il n'y a ni tramways, ni automobiles, ni vélocipèdes,

Tous transports sont effectués par des chevaux, des mules, des ânes, des hommes et des femmes,

Quoique la police ne soit faite que par quelques soldats, les crimes ne sont pas plus nombreux que dans les villes européennes de même importance,

Les incendies ne sont ni plus fréquents, ni plus destructeurs qu'ailleurs, malgré la non existence d'un corps de pompiers,

La religion musulmane est pratiquée avec ferveur,

Le drapeau rouge sans aucun attribut est le drapeau national,

Mais où :

Toutes les puissances européennes sont représentées par des ministres plénipotentiaires et des consuls, alors que quelques-unes de ces puissances n'ont d'autres nationaux que leurs délégués et les gens au service de ceux-ci,

L'éclairage des rues et de nombreuses maisons a lieu par l'électricité,

Le téléphone est installé,

Atterrissent 3 câbles sous-marins,

Fonctionnent 4 postes européennes et une poste nationale,

Les religions catholique, protestante et juive sont pratiquées sans entrave d'aucune sorte,

Les Européens sont affranchis de tous impôts,

Et leur liberté est absolue,

Cette ville, c'est TANGER.

Aussi dans tous les ouvrages qui parlent d'elle, a-t-on employé invariablement à son sujet les qualificatifs de bizarre et pittoresque.

Renseignements géographiques et historiques extraits de la GRANDE ENCYCLOPÉDIE, Tome 30, pages 911 et 912.

Tanger (Tandja, Lat. Tingis). — Ville maritime du Maroc septentrional, sur le détroit de Gibraltar, à 22 kilomètres E. du cap Spartel ; 30.000 habitants dont un quart juifs. Bâtie en amphithéâtre sur la pente d'une colline calcaire que surmonte la Kasbah, elle a conservé le caractère mauresque, bien que les maisons européennes se multiplient, ses rues étroites, sa grande mosquée, revêtue d'éclatantes faïences vertes, ses synagogues, son ancienne enceinte, les jardins qui l'enveloppent, ajoutent à son aspect pittoresque. La rade est vaste, mais s'ensable au S. ; le port est bon, mais manque de fond et est exposé aux vents du N. E. Tanger est le point de contact principal du Maroc avec la

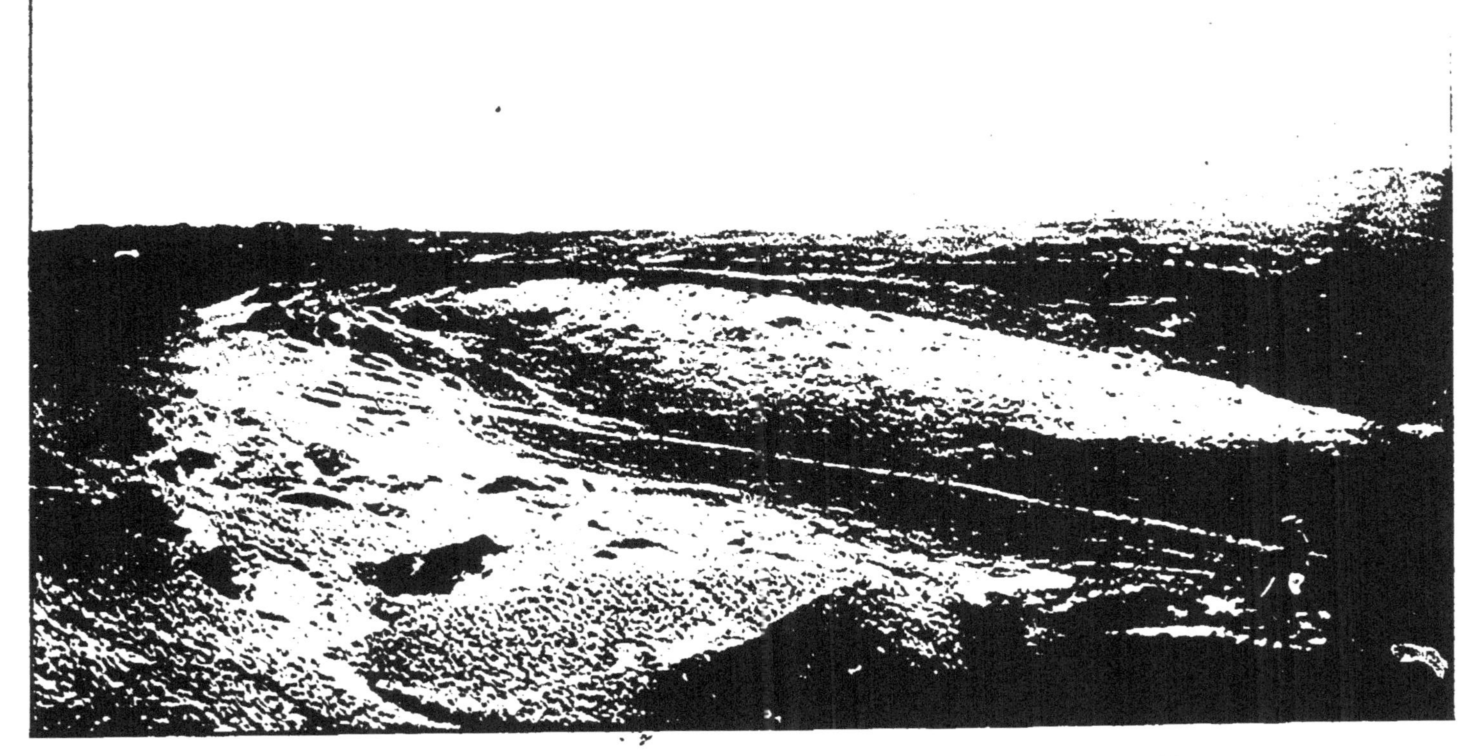

1er plan. — Piste de Fez à son passage sur des collines au sud de Tanger.

2e plan. — Vue panoramique de la baie de Tanger fermée à droite par la pointe Malabata.

A l'horizon. — La côte espagnole entre Tarifa et Trafalgar.

civilisation européenne, principale ville de commerce de l'empire et résidence des envoyés des puissances étrangères. Il ravitaille Gibraltar de bétail et vivres frais, vend du bétail, des peaux, des dattes, de la cire, etc. ; importe des cotonnades anglaises, de la soie, de la toile, des denrées coloniales, du sucre, des objets de fer et d'acier.

La situation de Tanger lui a toujours assuré une réelle importance. Les anciens Grecs attribuaient sa fondation à Antée dont le gigantesque sépulcre se montrait dans le voisinage de la ville. Elle fut une factorerie phénicienne. Auguste l'érigea en cité libre et Claude en fit une colonie romaine *(Traducta Julia)* qui devint la métropole de la province de Mauritanie occidentale ou Tingitane. On voit encore quelques colonnes romaines, et le sol renferme beaucoup de substructions de cette époque. Prospère encore sous les Byzantins auxquels les Goths l'enlevèrent, elle fut ensuite l'un des grands marchés de l'Afrique musulmane. Les Vénitiens y commerçaient. En 1437 et 1464, elle repoussa les attaques des Portugais, mais ils s'en emparèrent en 1471 et la gardèrent jusqu'en 1662. A ce moment elle fut remise au roi Charles II d'Angleterre comme dot de l'infante Catherine qu'il avait épousée. Il en fit un port franc et dépensa de grosses sommes pour le fortifier et améliorer la rade ; mais en 1684, le Parlement refusa les crédits, et la garnison dut évacuer la place après l'avoir démantelée. En 1790, les Espagnols bombardèrent Tanger ; le 6 août 1844, les Français firent de même ; le 10 septembre 1844 fut signé le traité de Tanger entre la France et le Maroc.

De Paris à Tanger

L'on se rend de Paris à Tanger, soit via Marseille, soit via Espagne.

A Marseille l'on prend :

L'un des bateaux des deux Compagnies françaises (Cie Paquet & Cie de Navigation Mixte) qui font le trajet de Marseille à Tanger, celui de la première Compagnie en quatre jours et celui de la seconde en six jours. *(Voir les indications de service dans le chapitre* « Mouvements du Port ».)

Ou l'un des steamers des Compagnies anglaises « Orient Line » et « Peninsular and Oriental Steam Navigation C° » qui font escale à Marseille, à leur retour des Indes, et qui vont en 42 heures à Gibraltar d'où l'on se rend très facilement à Tanger par l'un des bateaux faisant le service des deux ports.

Si l'on préfère la voie espagnole, voie très agréable en hiver, l'on a le choix, pour s'embarquer à destination de Tanger, entre Gibraltar et Cadix. De Gibraltar à Tanger le trajet est d'environ 3 heures, mais de Cadix il est du double.

En prenant à Paris un billet circulaire sur les voies ferrées (Ferrocarriles) d'Espagne, non seulement on réalisera une très sensible économie, mais l'on aura la faculté de voir toutes les villes si intéressantes de l'Andalousie, puis l'on évitera l'ennui, à chaque changement de ligne, d'être obligé de prendre un billet.

Vues partielles de la rade et de la ville de Tanger.

Arrivée à Tanger

Le bateau qui vous amène n'a pas encore stoppé, qu'il est entouré d'une foule de canots montés par des Arabes, et dès qu'il jette l'ancre, les bateliers, grimpant de tous côtés avec agilité, viennent se disputer les passagers et leurs bagages. Gare au malheureux voyageur qui ne sera pas attendu, car lui et ses bagages seront l'objet de la dispute de tous ces forcenés qui voudront avoir sa clientèle (1).

Quand une barque vous aura transporté au Môle (Warf), ne croyez pas, en voyant cet appontement moderne, que vous allez entrer dans une ville maritime organisée comme toutes celles de son importance, vous vous méprendriez fort. Le Môle est à Tanger ce que serait une serrure modern style à un bahut du XIIIe siècle.

Au bout du Warf vous vous arrêterez devant le petit pavillon où se trouvent, majestueusement accroupis, dans la posture orientale, trois superbes Arabes. Arrêtez-vous ! Vous êtes devant trois hauts fonctionnaires préposés au contrôle et à la recette des douanes. Très poliment, ils vous demanderont, en arabe, si vous n'avez rien à déclarer, mais la déférence que vous aurez pour eux réduira les for-

(1) Quel que soit le navire qui vous amène, annoncez, par télégramme ou par lettre, votre venue à l'agent de la Cie Paquet et de la Cie de Navigation mixte. Ce Français très obligeant à l'égard de tous, et plus spécialement à celui de ses compatriotes, vous fera prendre par des arabes de toute confiance. Vous éviterez ainsi les ennuis des sollicitations trop vives de la bande des dépenaillés. (Adresse télégraphique : Navimixte Tanger).

malités douanières à un échange de saluts. Pour votre première étude de mœurs marocaines, regardez bien ces beaux Arabes, et vous serez frappé par la blancheur et la délicatesse de leur teint, par la finesse de leurs mains soignées, ainsi que par l'art apporté dans la draperie de leurs burnous (1).

Ancien Tanger

En quittant le Môle vous passez sous la porte dite « de la Marine », puis vous gravissez une rue très étroite bordée de hauts murs.

Cette rue est fort encombrée, aussi comme elle n'a pas de trottoirs, et que ses pavés, si l'on peut

(1) Extrait de « *Au Maroc* » par PIERRE LOTI. (Calmann-Lévy, éditeur. Paris).

C'est curieux même comme l'impression d'arrivée est ici plus saisissante que dans aucun des autres ports africains de la Méditerranée. Malgré les touristes qui débarquent avec moi, malgré les quelques enseignes françaises qui s'étalent çà et là devant des hôtels ou des bazars, — en mettant pied à terre aujourd'hui sur ce quai de Tanger au beau soleil de midi, — j'ai le sentiment d'un recul subit à travers les temps antérieurs... Comme c'est loin tout à coup, l'Espagne où l'on était ce matin, le chemin de fer, le paquebot rapide et confortable, l'époque où l'on croyait vivre !... Ici, il y a quelque chose comme un suaire blanc qui tombe, éteignant les bruits d'ailleurs, arrêtant toutes les modernes agitations de la vie : le vieux suaire de l'Islam, qui sans doute va beaucoup s'épaissir autour de nous dans quelques jours, quand nous nous serons enfoncés plus avant dans ce pays sombre, mais qui est déjà sensible dès l'abord pour nos imaginations fraîchement émoulues d'Europe.

appeler ainsi les cailloux enfoncés dans la terre, sont très glissants, ayez soin de vous garer des gens et des bêtes, et surtout des charges de celles-ci.

Tout ce qui entre à Tanger, et tout ce qui en sort passe par cette voie. Un coup d'œil sur le tableau d'inaportation ci-après reproduit donnera une idée des embarras qui, nécessairement, se produisent, surtout si l'on considère qu'il n'y a à Tanger ni camion, ni chemin de fer.

Mules, mulets, ânes, chevaux non bridés, et dont le seul harnais consiste en un bât, tous ces animaux qui, quelle que soit leur race, quel que soit leur sexe, sont indistinctement dénommés par le mot espagnol « borricos », gravissent ou descendent la rue à leur fantaisie. Aussi quand ils portent, par exemple, de longues poutrelles en bois ou en fer, ou bien encore du charbon de terre, est-il prudent pour chaque passant de s'efforcer de les maintenir avec la canne ou le parasol à la distance nécessaire. C'est le meilleur moyen de se garer, et par conséquent de tenir compte des cris « baleck » « baleck » dont vous assourdissent les Arabes.

Arrivé au tournant de la rue, celle-ci est traversée par une autre qui, à droite va du côté de l'Hôtel Continental, et à gauche aboutit à la porte donnant sur le quartier du nouveau Tanger, appelé quartier de la plage. Mais si vous continuez à gravir la rue dans laquelle vous vous trouvez, vous arrivez dans la voie la plus importante et la plus mouvementée de l'ancien Tanger. A gauche vous voyez la grande mosquée, l'un des rares monuments de Tanger. N'essayez pas d'y pénétrer, l'entrée vous en est interdite si vous êtes chrétien, ou juif. La partie de la rue qui se trouve devant la façade de la mosquée est constamment inondée, mais il ne faudrait pas croire que ce soit une bouche de conduite d'eau qui aurait été ouverte, non, car il n'y en a pas à Tanger. C'est tout simplement l'eau qui sort des grands bassins servant aux ablutions des Arabes pieux.

Un peu plus loin sur l'autre rang l'on est très intrigué à la vue d'espèces de cases alignées, et dans chacune desquelles se trouve accroupi un Arabe vénérable, majestueux non seulement par sa tenue mais par son entourage de livres et de dossiers. Ces pontifes qui ne céderaient rien en dignité à leurs confrères européens, sont des « adouls », c'est-à-dire des notaires. Ne cherchez pas à les photographier, car vous les désobligeriez. Tout ce que vous pouvez faire, c'est de prendre l'ensemble des *études* des adouls.

PETIT SOKO. — RUE DU SIAGHUIN. — Continuez toujours votre chemin et vous arriverez à la place centrale dénommée « petit Soko », sokito, ou place des postes. Vous y viendrez souvent si vous restez quelque temps à Tanger, car c'est là que se trouvent les bureaux de poste français, anglais, allemand, espagnol, plusieurs cafés français, anglais, allemands, espagnols la succursale du Comptoir d'Escompte et le meilleur marchand de cigares et de cigarettes. Puis dans une rue toute voisine est établi un photographe qui développera très bien vos clichés si vous en prenez.

Rue du Siaghuin.

Mais traversez le petit Soko en ligne droite et vous entrerez dans la rue du Siaghuin qui est à Tanger ce que sont la Canebière à Marseille, et Puerta del Sol à Madrid. De chaque côté sont de nombreuses boutiques arabes et européennes. Au milieu et à gauche se trouve la mission catholique des franciscains espagnols, et un peu plus loin le bureau de téléphone. Au bout de la rue et toujours à gauche, le marché dit « couvert » quoiqu'il ne le soit que très partiellement.

Si vous continuez en ligne droite, vous sortez de la ville. A gauche vous apercevez le « grand Soko », et à droite « le Marchan ».

Ce que je viens de décrire ne comprend pas la totalité de l'ancien Tanger, par conséquent avant d'en sortir, pour parler de ce qui est en dehors des anciennes fortifications, je reviens au petit Soko.

Rue des Agences. — Ici prenant à gauche au coin de la poste allemande, si l'on oblique immédiatement à droite l'on entre dans la rue dite « Rue des Agences », dénomination bien appropriée, car la plupart des maisons sont occupées par des bureaux soit d'agences de navigation, soit de représentations de maisons commerciales d'Europe.

Rue du Kiff. — Si vous voulez aller aux bureaux de la légation de France, remontez toute la rue du Siaghuin, et presque à son extrémité, en face d'un foudack et de l'office du téléphone, vous prendrez à droite une rue qui descend, puis remonte. A peu près au milieu de cette rue, dénommée rue du Kiff, vous entrerez dans une petite rue à droite. C'est au coin de ces deux voies que sont les bureaux de la Légation de France et l'ancienne habitation du Ministre de France.

KASBAH. — Vous êtes très près de la Kasbah mais pour vous y rendre vous aurez à passer par un dédale de petites rues.

La Kasbah est sur une hauteur d'où l'on pourrait commander au Nord et à l'Est les routes du détroit de Gibraltar. Elle comprend : le palais du Gouverneur, les bureaux du Gouvernement, la maison de Justice, une mosquée et une prison.

Le palais du Gouverneur, le Méchouar (maison de justice) et la prison bordent la place rectangulaire du Bit El Mal.

Le Méchouar est un grand portique avec colonnes de marbre et précédé d'une grille. Tous les jours de 8 heures à 11 heures le Cadi, assis sur un tapis, y rend la justice. Les audiences de ce tribunal sont des plus intéressantes. La volubilité des plaideurs est grande, l'ardeur avec laquelle ils attestent leurs droits n'est pas moindre, la sérénité du Cadi est parfaite, et l'exécution de la sentence qui consiste souvent en coups de bâton, est très rapide.

GRAND SOKO. — Devant la porte principale de Tanger, porte à laquelle conduit la rue du Siaghuin, est le grand Soko où un marché a lieu tous les jours. Le jeudi et le dimanche de nombreux Arabes du Sud y viennent de très loin pour la vente de bestiaux, chevaux, mules, mulets et ânes. Le marché aux bœufs y était tenu jusque dans ces derniers temps, mais à raison de son importance qui grandissait beaucoup, il a été transporté dans le faubourg San-Francisco.

Nouveau Tanger

L'immigration européenne a fait déborder Tanger au delà de ses murs d'enceinte. Des quartiers assez différents l'un de l'autre ont été créés : à l'Ouest, le Marchan et le Chemin de la Montagne; au Sud-Ouest, San Francisco; au Sud, le Madhi et au Sud-Est, la Plage.

Du grand Soko partent plusieurs voies qui, tant qu'elles sont bordées d'habitations, peuvent être qualifiées routes ou chemins, mais qui, après, ne sont plus que des pistes.

La première à droite en sortant de la ville est la route du Marchan, puis ce sont, en allant de l'Ouest à l'Est par le Sud :

La route de la Montagne aboutissant au Cap Spartel;

Le Chemin de San Francisco;

Le Chemin du Madhi;

Et la route de Fez.

Quartier du Marchan

La nouvelle route par laquelle l'on a accès au plateau de ce nom est appelée Passéo Cenarro : elle est carrossable sur une longueur de 600 mètres environ, passe devant la légation d'Allemagne, le cimetière chrétien, la fabrique de cigarettes et cigares Sananès y Benassayag, et monte à gauche suivant une pente douce, tandis que l'ancienne route qu'il faut gravir pour aller au télégraphe anglais, se prolonge parallèlement à l'enceinte de la ville jusqu'à la porte de la Kasbah et aboutit à l'hôpital israélite. Celui-ci se trouve sur le plateau même, ainsi que l'hôpital français et l'hôpital anglais. Nombreuses villas.

Quartier Hamona et quartier de la Montagne

La route de la Montagne se détache du grand Soko près de la légation d'Allemagne, traverse immédiatement un grand cimetière arabe au delà duquel on arrive dans le quartier dénommé Hamona. Nombreuses maisons d'habitation, très beaux jardins, moulin d'un israélite, consulat d'Espagne, légation et consulat d'Autriche-Hongrie, puis légation et consulat de Belgique. Un peu après la légation de Belgique, la route traverse la rivière dite « des Juifs » sur un grand pont établi en 1901. De l'autre côté du pont la route est encore carrossable sur plusieurs centaines de mètres. Elle est bordée d'eucalyptus, et arrive bientôt à « la Montagne » où dans un site charmant et ombragé se trouvent de nombreuses villas et notamment celles de : lady Drummond Hay, veuve d'un Ministre d'Angleterre à Tanger; M. Perdicaris, Américain ; M. Davano ; Mmes Ockley ; les religieuses franciscaines; M. White père, ancien Consul général d'Angleterre; Mme Mathews, veuve d'un Ministre des Etats-Unis à Tanger; M. Calo-çao; M. Taylor; M. Moule.

En suivant la route de la Montagne on arrive au

1. Au Marchan : Maisons européennes construites par feu le grand vizir Ba'Hmed
2 & 4. Porteurs d'eau. — 3. Calle de los Christianos.
5. Fabrique de cigares et cigarettes Sananès y Benassayag.

Cap Spartel, point extrême de l'Afrique où viennent se confondre les eaux de l'Atlantique et celles du détroit de Gibraltar.

Quartiers San-Francisco et de Boubana

Le chemin de San-Francisco passe entre le cimetière musulman et le temple protestant, laisse sur la gauche une meunerie-boulangerie créée en 1900 par M. Sacasso d'après le système de Schweitzer, et arrive aux établissements fondés par les Franciscains, établissements qui consistent en des écoles professionnelles et des cités ouvrières habitées par des Espagnols. Plus loin on remarque l'hôpital espagnol et la grande propriété de Frascito Sevilliano, puis les villas de Mrs Wilson, de Mr. White fils, Consul général actuel de la Grande-Bretagne, la propriété de Mlle Bruzaud, enfin des terrains vagues et le nouveau marché aux bœufs. Si l'on continue à suivre ce chemin, on descend dans la plaine de Boubana où a été installé un beau champ de courses. Près de là, au lieu dit « les Trois-Saints », un Français, M. Furth, a bâti une ferme modèle aujourd'hui aux mains d'un Anglais, M. Levison, qui habite la villa Victoria contiguë à cette ferme.

Quartier du Madhi

Prenant pour point de repère la villa de France, on laisse à droite le temple protestant et le chemin conduisant à la légation d'Angleterre, l'on passe devant la propriété Benchimol, la villa Bonnet, l'hôtel Villa de France, et l'on arrive à l'endroit où, non loin des maisons du docteur Schmidt et de

M. Gentille, l'on construit dans le moment la nouvelle légation de France qui se trouvera séparée des légations américaine et russe par un sentier resserré entre des haies. Ce sentier va rejoindre la route de Fez près de la Pension Villa Valentina, et continue sous le nom de « chemin des vignes » jusqu'au Souani.

Quartier de la Plage

Si l'on sort de la ville par la « Porte des Tanneurs », et si, laissant à droite le cimetière israélite, puis la rue qui monte au grand Soko, l'on suit le bord de la mer, on passe devant une scierie et un dépôt de bois, un terrain acheté par le Ministère d'Espagne, le théâtre Licéo Roméo, les magasins Pétri, des maisons d'habitation, le Cecil Hotel, la propriété de M. Blanchet, la propriété Gautsch, et l'on aperçoit au loin, de l'autre côté de l'Oued Tanja, la magnifique villa de M. Harris, correspondant du *Times*.

Quartier du Souani

En traversant les dunes entre les propriétés Blanchet et Gautsch, puis en obliquant un peu à gauche, on trouve la route de Tétouan. Celle-ci mène au lieu dit « Souani » qui a emprunté son nom à un village voisin. Là se trouvent plusieurs établissements (briqueterie, fabrique de carreaux, fours à chaux, fabrique de crin végétal), fondés par un Français, M. Gautsch, quelques maisons d'habitation et de nombreux jardins où abondent les orangers, les figuiers, et même la vigne.

Du Souani part vers l'Ouest un chemin qui va rejoindre la piste de Fez.

Tanger est vraiment une ville très bizarre, tout à fait digne par conséquent d'attirer les touristes, et spécialement ceux qui, ayant beaucoup voyagé, aiment voir ce qui est sans analogie.

Généralement les personnes qui visitent l'Andalousie vont jusqu'à Tanger, mais elles n'y restent guère qu'une journée. Dans ce très court espace de temps, elles peuvent évidemment parcourir l'ancienne ville et la nouvelle. Mais elles ne sont guère plus instruites que si, en Europe, elles avaient assisté à une séance de cinématographie en couleurs pendant laquelle un phonographe aurait reproduit les cris de « baleck » « baleck » dont on est abasourdi dans divers quartiers. Il est vrai qu'elles ont la satisfaction d'avoir foulé le sol de l'Afrique. Mais pourquoi donc ne pas rester au moins quelques jours à Tanger ? Il n'y a ni casino, ni autre lieu du même genre, mais pour peu que l'on ait le goût de l'observation, l'on ne s'y ennuiera pas.

Artistes, économistes, colonisateurs, industriels, entrepreneurs et négociants, tous trouveront à Tanger de nombreux sujets d'étude. Bien plus, quiconque sera descendu au milieu des falaises du Marchan, et de là aura contemplé tout à son aise le splendide panorama formé par l'Océan, le détroit, les côtes d'Espagne et le commencement de l'Afrique, éprouvera une très agréable émotion dont le souvenir est ineffaçable.

RENSEIGNEMENTS

Autorités Marocaines à Tanger

Ministre des Affaires Etrangères (Si Mohamed Torrès): représentant du Sultan, ayant pour mission de recevoir les réclamations faites par les représentants des puissances étrangères, et de leur communiquer les réponses du Sultan.

Pacha (Gouverneur) : chargé de la police et de la justice administrative.

Calife : Vice-Gouverneur.

Moul Méchouar : chef du palais des Gouverneur et Vice-Gouverneur, et de la garde de ce palais.

Cadi : juge réglant les questions de propriété et d'état civil. Les jugements rendus par le Cadi sont sans appel, mais les questions pendantes entre européens et musulmans peuvent, après leur solution par le Cadi, être portées en dernier ressort devant le Ministre des Affaires Etangères. Les réclamations faites par les indigènes contre des européens sont réglées administrativement par les Consuls, l'appel de la sentence peut être fait devant les tribunaux consulaires lesquels sont composés du Consul et de deux assesseurs choisis par lui.

Le Cadi, en cas d'empêchement, est remplacé par un proche parent désigné par lui, ou bien encore par le plus ancien des adouls.

Toutes questions concernant les juifs marocains

(sauf en matière de police) sont portées devant le Cadi.

Metasseb : Commissaire de police.

Police : Jusque dans ces derniers temps, la police était faite par quelques soldats résidant à la Kasbah, mais, ainsi que l'annonce une dépêche Havas du 2 décembre 1901, le Gouvernement marocain a donné ordre au Pacha de Tanger d'organiser immédiatement un corps de troupe de 500 hommes qui sera spécialement chargé de la police de la ville et des environs. Il y a lieu de croire que cette organisation va s'opérer, car la commande d'uniformes pour 500 gardes, est actuellement en cours d'exécution dans un grand magasin de nouveautés de Paris. Ces uniformes se rapprocheront de ceux des turcos d'Algérie.

Tout fonctionnaire peut, sans en référer à ses chefs, déléguer tout ou partie de ses pouvoirs, pour des cas particuliers, à qui bon lui semble.

Représentation des Puissances étrangères

Les nations sont représentées au Maroc par des Ministres plénipotentiaires, par des Chargés d'affaires ou par des Consuls généraux. Ces représentants demeurent à Tanger qui est la résidence du Ministre des Affaires Étrangères de l'empire marocain.

Plusieurs des puissances ont en outre des Consuls à Tanger, à Fez et dans quelques ports marocains.

ALLEMAGNE, Légation — pas de Consulat.
(Qui représente : la Suède, la Norwège, le Danemark, la Suisse allemande et la Hollande).

AMÉRIQUE, Consulat général.

ANGLETERRE, Légation et Consulat.

AUTRICHE-HONGRIE, Mission — pas de Consulat.

BELGIQUE, Consulat général dirigé par un Ministre et un Consul.

ESPAGNE, Légation et Consulat.

FRANCE, Légation — pas de Consulat, mais Consul attaché à la Légation.
(Qui représente la Suisse française et la Grèce).

ITALIE, Légation — pas de Consulat.
(Qui représente la Suisse italienne).

PORTUGAL, Consulat général, dont le chef a le titre de Chargé d'affaires.

RUSSIE, Légation — pas de Consulat.

Renseignements tirés de l' « *Annuaire diplomatique et consulaire de la République française* »

MAROC

Corps diplomatique et Consulat français

Tanger. — M. Saint-René Taillandier, Envoyé extraordinaire et Ministre plénipotentiaire.

— M. de la Martinière, Consul général chargé des fonctions de 1er Secrétaire.

— M. le comte de Cherisey, Secrétaire de 3e classe.

— M. Marinacce-Cavallace, Consul honoraire, chargé de la Chancellerie.

— M. Fumey, Consul honoraire, premier Drogman.

Circonscription consulaire : la partie du Maroc située au Nord et à l'Est de l'Oued Beht et de l'embouchure de Sebou.

Alcazar. — M. MICHAUX-BELLAIN, Agent consulaire.
Fez. — M. GAILLARD, Vice-Consul.
Larache. — M. JEANNIER, Vice-Consul.
Tétouan. — M. ABD-EL-KADER BEN ABDELKEF, Agent consulaire.

Circonscription consulaire : la partie du Maroc comprise entre l'embouchure du Sebou, l'Oued Beht et le cap Cantin.

Casablanca. — M. MALPERTUY, Consul. — M. LERICHE, Drogman chancelier.
Mazagan. — M. BRUDO, Agent consulaire.
Rabat. — M. DUCORS, Agent consulaire.

Circonscription consulaire : toute la partie du Maroc située au Sud du cap Cantin.

Mogador. — N..., Consul.
Marrakech. — N..., Agent consulaire.

ETATS DE SERVICE.

M. SAINT-RENÉ TAILLANDIER (Georges), né le 17 septembre 1852. Licencié en droit et ès-lettres ;

Attaché à la direction politique, 18 août 1876 ; à Rome, 16 novembre 1877 ; à la direction politique, 17 décembre 1878, attaché payé, 11 janvier 1880 ; 3e secrétaire par intérim à Londres, 28 février-15 avril 1881 ; commis principal à la direction politique, 30 novembre 1883 ; secrétaire d'ambassade de 2e classe en Egypte, 16 septembre 1884 ; chevalier de la Légion d'honneur, 7 juillet 1885 ; chargé des fonctions de chef du bureau des protectorats d'Asie, 11 mars 1886 ; rédacteur, 30 novembre 1886 ; secrétaire de 1re classe par intérim à la Haye, 1er juillet-20 décembre 1887 ;

secrétaire de 1re classe à Munich, 20 décembre 1887 ; consul général à Beyrouth, 31 novembre 1891 ; sous-directeur à la direction politique, 10 avril 1895 ; ministre plénipotentiaire de 2e classe, 11 février 1896 ; officier de la Légion d'honneur, 15 juillet 1897 ; ministre plénipotentiaire de 1re classe, 1901.

M. LA MARTINIÈRE (Maximilien-Antoine-Cyprien, Poisson de), né le 18 juillet 1859.

Chargé de mission scientifique au Maroc, 1887-1891 ; officier d'académie, 30 mai 1890 ; attaché au cabinet du gouverneur général de l'Algérie, octobre 1891 ; chevalier de la Légion d'honneur, 31 décembre 1892 ; directeur du cabinet du gouverneur général de l'Algérie, au service des affaires indigènes, 5 janvier 1893 ; consul général, chargé des fonctions de premier secrétaire à Tanger, 31 octobre 1898 ; lauréat de l'Institut 1899.

M. CHERISEY (Jean-René, comte de), né le 15 février 1868 ; licencié en droit.

Attaché autorisé à Bruxelles, 26 janvier 1891 ; vice-consul chargé des fonctions d'attaché, 31 décembre 1896 ; secrétaire d'ambassade de 3e classe, 18 mars 1899 ; détaché à Tanger, 20 avril 1899 ; troisième secrétaire à Tanger, 10 mai 1899.

M. MARINACCE CAVALLACE (J.-B.-Charles-Félix), né le 27 février 1863.

Commis de chancellerie à Barcelone, le 4 décembre 1880 ; à la direction commerciale, 29 juillet 1882 ; chancelier de 3e classe, 28 février 1888 ; à Saint-Sébastien, 8 décembre 1891 ; chancelier de 2e classe, 31 janvier 1892; vice-consul, 27 septembre 1895; officier d'académie, 12 février 1896, chargé de la chancellerie de Tanger, 23 mai 1896 ; consul honoraire, 1901.

M. FUMEY (Eugène-Félix), né le 13 octobre 1870.

Élève diplômé des langues orientales vivantes ; élève drogman à Alep, 15 avril 1893 ; à Tanger, 9 avril 1894 ; drogman de 2e classe, 21 novembre 1896 ;

chargé des fonctions de 1er drogman à Tanger, 13 novembre 1897 ; consul honoraire, 1901.

Ministres plénipotentiaires et Chargés d'affaires de France au Maroc de 1839 à 1901

MM.

Le marquis de CHATEAUGIROND, Consul général et Chargé d'affaires, 4 mars 1839.

DE CHATEAU, Consul général et Chargé d'affaires, 17 février 1816.

DEVOIZE, Consul général et Chargé d'affaires, 7 avril 1852.

Le vicomte de CASTILLON, Consul général et Chargé d'affaires, 16 juin 1855.

BECLARD, Ministre résident, 10 octobre 1862.

Le baron AYMÉ D'AQUIN, Ministre plénipotentiaire, 26 mars 1861.

TISSOT, Ministre plénipotentiaire, 22 avril 1871.

LE SOURD, Envoyé extraordinaire et Ministre plénipotentiaire, 20 octobre 1876.

DE VERNOUILLET, Envoyé extraordinaire et Ministre plénipotentiaire, 20 février 1877.

ORDEGA, Envoyé extraordinaire et Ministre plénipotentiaire, 6 décembre 1881.

FÉRAUD, Envoyé extraordinaire et Ministre plénipotentiaire, 4 décembre 1884.

PATENOTRE, Envoyé extraordinaire et Ministre plénipotentiaire, 1er décembre 1888.

Le comte d'AUBIGNY, Envoyé extraordinaire et Ministre plénipotentiaire, 12 août 1891.

BAYLIN DE MONBEL, Envoyé extraordinaire et Ministre plénipotentiaire, 10 avril 1891.

REVOIL, Envoyé extraordinaire et Ministre plénipotentiaire, 31 janvier 1900.

Saint-René Taillandier, Envoyé extraordinaire et Ministre plénipotentiaire, 18 juin 1901.

La défense des intérêts français au Maroc est en très bonnes mains. Homme d'une grande distinction, et d'une haute culture intellectuelle, M. Saint-René Taillandier qui était bien préparé pour occuper le poste qui lui a été confié, représente très dignement la France.

A Tanger, comme dans plusieurs autres villes du reste, j'ai constaté combien l'on était injuste quand l'on prétendait que nos consuls manquaient de vigilance et d'obligeance. Très complaisamment M. Cavallace m'a fourni une grande partie des renseignements économiques qui m'ont servi à faire cet ouvrage.

Question de la protection diplomatique et consulaire au Maroc

CONVENTION DE MADRID passée le 3 juillet 1880.

Son Excellence le Président de la République française ; Sa Majesté l'Empereur d'Allemagne, roi de Prusse ; Sa Majesté l'Empereur d'Autriche ; Sa Majesté le Roi des Belges ; Sa Majesté le Roi de Danemark ; Sa Majesté le Roi d'Espagne ; Son Excellence le Président des Etats-Unis d'Amérique ; Sa Majesté la Reine du Royaume-Uni de Grande-Bretagne et d'Irlande ; Sa Majesté le Roi d'Italie ; Sa Majesté le Sultan du Maroc ; Sa Majesté le Roi des Pays-Bas ; Sa Majesté le Roi de Portugal et des Algaves ; Sa Majesté le Roi de Suède et de Norvège.

1. Villa du Ministre de France. — 2. Consulat de Belgique.

3. Légation d'Allemagne. — 4. Légation d'Angleterre.

Ayant reconnu la nécessité d'établir sur des bases fixes et uniformes l'exercice du droit de protection au Maroc, et de régler certaines questions qui s'y rattachent, ont nommé pour leurs plénipotentiaires à la Conférence qui s'est ouverte à Madrid, savoir :

Son Excellence . . . .

. . . .

Lesquels, en vertu de leur pleins pouvoirs, reconnus en bonne et due forme, ont arrêté les dispositions suivantes :

Article premier. — Les conditions dans lesquelles la protection peut être accordée, sont celles qui sont stipulées dans le traité britannique et espagnol avec le Gouvernement marocain et dans la convention survenue entre ce gouvernement, la France et d'autres puissances, en 1863, sauf les modifications qui y sont apportées par la présente convention.

Art. 2. — Les Représentants étrangers, chefs de mission, pourront choisir leurs interprètes et employés parmi les sujets marocains et autres.

Ces protégés ne seront soumis à aucun droit, impôt ou taxe quelconque, en dehors de ce qui est stipulé aux articles 12 et 13.

Art. 3. — Les Consuls, Vice-Consuls ou Agents consulaires, chefs de poste qui résident dans les Etats du Sultan du Maroc, ne pourront choisir qu'un interprète, un soldat et deux domestiques parmi les sujets du Sultan, à moins qu'ils n'aient besoin d'un secrétaire indigène.

Ces protégés ne seront soumis non plus à aucun droit, impôt ou taxe quelconque, en dehors de ce qui est stipulé aux articles 12 et 13.

Art. 4. — Si un Représentant nomme un sujet du Sultan à un poste d'Agent consulaire dans une ville de la côte, cet agent sera respecté et honoré, ainsi que sa famille habitant sous le même toit, laquelle, comme lui-même, ne sera soumise à aucun droit, impôt ou taxe quelconque, en dehors de ce qui est stipulé aux articles 12 et 13, mais il n'aura pas le droit de protéger d'autres sujets du Sultan, en dehors de sa famille.

Il pourra, toutefois, pour l'exercice de ses fonctions, avoir un soldat protégé.

Les Gérants des vices-consulats, sujets du Sultan, jouiront pendant l'exercice de leurs fonctions, des mêmes droits que les Agents consulaires sujets du Sultan.

Art. 5. — Le Gouvernement marocain reconnaît aux Ministres, chargés d'affaires et autres Représentants le droit qui leur est accordé par les traités, de choisir les personnes qu'ils emploient, soit à leur service personnel, soit à celui de leurs gouvernements, à moins toutefois que ce ne soient des cheiks ou autres employés du gouvernement marocain, tels que les soldats de ligne ou de cavalerie, en dehors des mekhaznias préposés à leur garde. De même ils ne pourront employer aucun sujet marocain sous le coup de poursuites.

Il reste entendu que les procès civils engagés avant la protection se termineront devant les tribunaux qui en auront entamé la procédure.

L'exécution de la sentence ne rencontrera pas d'empêchement. Toutefois, l'autorité locale marocaine aura soin de communiquer immédiatement la sentence rendue à la légation, consulat ou agence consulaire dont relève le protégé.

Quant aux ex-protégés qui auraient un procès commencé avant que la protection eût cessé pour eux, leur affaire sera jugée par le tribunal qui en était saisi.

Le droit de protection ne pourra être exercé à l'égard des personnes poursuivies pour un délit ou un crime avant qu'elles n'aient été jugées par les autorités du pays, et qu'elles n'aient, s'il y a lieu, accompli leur peine.

Art. 6. — La protection s'étend sur la famille du protégé, sa demeure est respectée.

Il est entendu que la famille ne se compose que de la femme, des enfants et des parents mineurs qui habitent sous le même toit.

La protection n'est pas héréditaire. Une seule exception, déjà établie par la convention de 1863, et qui ne saurait créer un précédent, est maintenue en faveur de la famille de Benchimol.

Cependant, si le Sultan du Maroc accordait une autre exception, chacune des puissances contractantes aurait le droit de réclamer une concession semblable.

Art. 7. — Les Représentants étrangers informeront par écrit le Ministre des Affaires étrangères du choix qu'ils auront fait des employés.

Ils communiqueront chaque année au dit Ministre une liste nominative des personnes qu'ils protègent ou qui sont protégées par leurs agents dans les Etats du Sultan du Maroc.

Cette liste sera transmise aux autorités locales qui ne considéreront comme protégés que ceux qui y sont inscrits.

Art. 8. — Les Agents consulaires remettront chaque année à l'autorité du pays qu'ils habitent une liste, revêtue de leur sceau, des personnes qu'ils protègent. Cette autorité la transmettra au Ministre des Affaires étrangères, afin que, si elle n'est pas conforme aux règlements, les Représentants à Tanger en soient informés.

L'Officier consulaire sera tenu d'annoncer immédiatement les changements survenus dans le personnel protégé de son consulat.

Art. 9. — Les domestiques, fermiers et autres employés indigènes des secrétaires ou interprètes indigènes ne jouissent pas de la protection. Il en est de même pour les employés ou domestiques marocains des sujets étrangers.

Toutefois les autorités locales ne pourront arrêter un employé ou un domestique d'un fonctionnaire indigène au service d'une Légation ou d'un Consulat, ou d'un sujet ou d'un protégé étranger, sans en avoir prévenu l'autorité dont il dépend.

Si un sujet marocain au service d'un sujet étranger venait à tuer quelqu'un, à le blesser ou à violer son domicile, il serait immédiatement arrêté, mais l'autorité diplomatique ou consulaire sous laquelle il est placé serait avertie sans retard.

ART. 10. — Il n'est rien changé à la situation des censaux, telle qu'elle a été établie par les traités et par la convention de 1863, sauf ce qui est stipulé, relativement aux impôts, dans l'article suivant.

ART. 11. — *Le droit de propriété au Maroc* est reconnu pour tous les étrangers.

L'achat de propriété devra être effectué avec le consentement préalable du gouvernement, et les titres de ces propriétés seront soumis aux formes prescrites par les lois du pays.

Toute question qui pourrait surgir sur ce droit sera décidée d'après les mêmes lois, avec l'appel du Ministre des Affaires étrangères stipulé dans le traité.

ART. 12. — Les étrangers et les protégés propriétaires ou locataires de terrains *cultivés*, ainsi que les censaux admis à l'agriculture, payeront l'impôt agricole. Ils remettront chaque année à leur consul la note exacte de ce qu'ils possèdent, en acquittant entre ses mains le montant de l'impôt.

Celui qui fera une fausse déclaration paiera, à titre d'amende, le double de l'impôt qu'il aurait dû régulièrement verser pour les biens non déclarés. En cas de récidive, cette amende sera doublée.

La nature, le mode et la quotité de cet impôt seront l'objet d'un règlement spécial entre les représentants des puissances et le Ministre des Affaires étrangères de Sa Majesté Chérifienne.

ART. 13. — Les étrangers, les protégés et les censaux propriétaires de bêtes de somme paieront la taxe dite « des portes ». La quotité et le mode de perception de cette taxe, commune aux étrangers et aux indigènes, seront également l'objet d'un règlement spécial entre les Représentants des puissances et le Ministre des Affaires étrangères de Sa Majesté Chérifienne.

La dite taxe ne peut être augmentée sans un nouvel accord avec les représentants des puissances.

ART. 14. — La médiation des interprètes, secrétaires, indigènes ou soldats des différentes légations ou consulats, lorsqu'il s'agira de personnes non placées sous la protection de la légation ou du consulat, ne sera admise qu'autant qu'ils seront porteurs d'un document signé par le chef de mission ou par l'autorité consulaire.

ART. 15. — Tout sujet marocain naturalisé à l'étranger, qui reviendra au Maroc, devra, après un temps de séjour égal à celui qui aura été régulièrement nécessaire pour obtenir la naturalisation, opter entre sa soumission entière aux lois de l'Empire ou l'obligation de quitter le Maroc, à moins qu'il ne soit constaté que la naturalisation étrangère a été obtenue avec l'assentiment du Gouvernement marocain.

La naturalisation étrangère acquise jusqu'à ce jour par des sujets marocains, suivant les règles établies par les lois de chaque pays, leur est maintenue pour tous ses effets, sans restriction aucune.

ART. 16. — Aucune protection irrégulière ou officieuse ne pourra être accordée à l'avenir.

Les autorités marocaines ne reconnaitront jamais d'autres protections, quelle que soit leur nature, que celles qui sont expressément arrêtées dans cette convention.

Cependant l'exercice du droit consuétudinaire de protection sera réservé aux seuls cas où il s'agirait de récompenser des services signalés rendus par un

Marocain à une puissance étrangère, ou pour d'autres motifs tout à fait exceptionnels. La nature des services et l'intention de les récompenser par la protection seront préalablement notifiés au Ministre des Affaires Etrangères à Tanger, afin qu'il puisse au besoin présenter ses observations; la résolution définitive restera néanmoins réservée au gouvernement auquel le service aura été rendu. Le nombre de ces protégés ne pourra dépasser celui de douze par puissance, qui reste fixé comme maximum, à moins d'obtenir l'assentiment du Sultan.

La situation des protégés qui ont obtenu la protection en vertu de la coutume désormais réglée par la présente disposition sera, sans limitation du nombre, pour les protégés actuels de cette catégorie identique pour eux et pour leur famille, à celle qui est établie pour les autres protégés.

Art. 17. — Le droit au traitement de la nation la plus favorisée est reconnu par le Maroc à toutes les puissances représentées à la Conférence de Madrid.

Art. 18. — La présente convention sera ratifiée. Les ratifications seront échangées à Tanger dans le plus bref délai possible.

Par le consentement exceptionnel des hautes parties contractantes, les dispositions de la présente convention entreront en vigueur à partir du jour de la signature à Madrid.

En foi de quoi, les plénipotentiaires respectifs ont signé la présente convention et y ont apposé le sceau de leurs armes.

Fait à Madrid, en treize exemplaires, le 3 juillet 1880.

Conseil sanitaire. Commission d'hygiène

Le gouvernement marocain qui connaît les convoitises des puissances, et qui veut par conséquent éviter le plus possible leurs réclamations de tout genre, a laissé au Corps diplomatique tout entier la quasi administration de Tanger.

A l'instigation du Corps diplomatique les Européens établis versent une cotisation volontaire, et dont l'importance est fixée par eux-mêmes, pour les frais d'éclairage et de voirie de Tanger. Chaque année ces Européens nomment à l'élection ceux d'entre eux qui administreront les fonds ainsi récoltés, et les emploieront aux améliorations matérielles de Tanger. Ce corps élu composé de 14 membres est dénommé « Commission d'hygiène ». Il est en quelque sorte un Conseil municipal, mais il est sous la haute direction du « Conseil sanitaire » composé de tous les Ministres et Consuls généraux.

Les ressources de la Commission d'hygiène ne consistent pas seulement en les cotisations volontaires des Européens, mais aussi en les 20 % abandonnés par le Maghzen sur les recettes du Môle, et en une taxe perçue dans les abattoirs sur les animaux.

Régime des Etrangers

Les étrangers sont soumis au régime des « Capitulations ».

CAPITULATIONS : « Traités qui garantissent aux su-

« jets des nations chrétiennes, qui résident dans le « pays dit « hors chrétienté » le droit d'être sous- « traits dans une large mesure à l'action des auto- « rités locales, et de relever de leurs autorités natio- « nales représentées par leurs agents diplomatiques « et leurs Consuls.

Les étrangers jouissent donc de l'exterritorialité, et par suite sont considérés comme vivant hors du territoire. Ils sont affranchis des impôts et taxations arbitraires auxquels sont exposés les indigènes.

Les différends entre Indigène et Européen sont portés devant le Consul, et en cas de non règlement ils sont soumis aux tribunaux consulaires, lesquels sont composés du Consul et de deux assesseurs choisis par le chef de la légation.

Tous litiges entre deux personnes de même nationalité sont portés devant leur Consul, puis s'il y a lieu, devant le tribunal consulaire.

Quant aux différends existant entre deux Européens de nationalité différente ils sont portés devant le Consul du défendeur.

CONSUL. — Au Maroc, le Consul est, comme dans tous les pays non chrétiens, investi de la juridiction civile et criminelle ; il l'est en outre de celle commerciale.

Pour s'assurer sa protection, ses nationaux doivent se faire immatriculer sur un registre tenu à la chancellerie du consulat (ordonnance royale du 28 octobre 1833).

Chargé de la police entre ses nationaux, le Consul français jouit de pouvoirs allant jusqu'au droit d'arrestation et de renvoi en France.

Propriété Immobilière

La propriété immobilière est réglée par le traité de Madrid du 3 juillet 1880, ci-dessus reproduit :

Tout Européen qui achète un immeuble à Tanger demande au Pacha l'autorisation nécessaire, puis, quand il l'a obtenue, il se présente accompagné du vendeur devant les « adouls » (notaires) qui rédigent le contrat en langue arabe. Une excellente précaution, très rarement employée, est de faire enregistrer ce contrat à la légation.

La reproduction que je fais ci-dessous de la traduction d'un contrat de vente et de ses mentions, donnera non seulement l'indication de la science juridique des adouls, et de leur respect pour les droits des intéressés, mais aussi celle du mode des formalités à remplir.

Traduction d'un contrat de vente d'immeuble

Louange à Dieu ! unique !

Le sieur Mohammed Ben Abdesslam Ben El Kaid Elhadj Mohammed ou Said Bou Leffâ qui avait hérité par acte n° 6 des trois quarts du jardin sis au lieu dit « Souani », (le quatrième quart à sa sœur Khadidja), étant décédé, avait laissé comme héritiers sa sœur Khadidja susnommée et son frère de père seulement, Ahmed, mentionné en l'acte n° 7.

Mais une dame nommée Hennia, ancienne servante du Chérif Mohammed El Khamal El Amraoui, est venue déclarer, devant le Cadi, qu'elle avait été mariée à Mohammed avant sa mort, et que, par ce fait, elle demandait une part dans les biens laissés par ce dernier.

A l'appui de ses dires, elle a produit un acte constatant qu'elle avait bien été épouse de feu Mohammed, ce qui amena des discussions fort longues entre elle et les héritiers ci-dessus.

Le Cadi ne pouvant parvenir à mettre les parties d'accord, ordonna le serment à la dame Hennia qui prêta serment comme quoi elle avait été mariée à feu Mohammed Ben Abdesslam, et prestation faite, les héritiers ci-dessus ont été déboutés de leur demande tendant à être déclarés seuls héritiers.

Il fut ainsi décidé que la dame Hennia aurait également une part dans l'héritage laissé.

D'autres personnes sont venues aussi déclarer qu'elles sont créancières de feu Mohammed de diverses sommes, savoir :

1° Le juif Brahim ben Messaoud Souissa, pour une somme de 25 réaux (1), montant d'un acte (effet) souscrit par le défunt à la date du 16 du mois de Kada de l'an 1312, en présence des témoins rédacteurs de l'acte, les sieurs Mohammed ben Idriss et El Fekih Esseid El Mokhtar.

2° El hadj ahmed Akherkhane pour une somme de 6 réaux et 10 belioune ;

3° Le médecin qui l'a soigné durant sa maladie, pour une somme de 3 réaux.

4° Les droits du Makhzen ou « contributions » : 8 réaux.

Les héritiers ci-dessus étaient assistés chacun d'un « oukil ».

Pour Hennia, son oukil était le sieur El Maal em Ahmed Ben Essoussi; pour Khadidja, son oukil était El Abassi Ettitaouni; pour Yacout (tutrice de son fils Ahmed), c'était Tahar Souissi El Amiri.

En présence du Cadi, il a été décidé, d'un commun accord par les 3 oukils ci-dessus nommés, que l'on vendrait le dit jardin afin de désintéresser les créanciers et que partage serait fait du reste.

(1) Réal marocain = 5 francs.

Comme le défunt n'avait droit qu'aux trois quarts de ce jardin, le quatrième quart étant la propriété successorale de sa sœur Khadidja, on demanda à celle-ci si elle consentait à la vente de tout le jardin (son quart compris) dont elle serait payée de sa part. Elle accepta en effet à cette condition, et on mit le jardin en question en vente aux enchères publiques.

Cela a duré 7 semaines pendant lesquelles on ne trouva pas d'enchère aussi élevée que celle offerte par l'Européen A... C..., le « Français », enchère qui était de 140 réaux ; ce dernier a donc été déclaré acheteur du jardin sis au lieu dit « Souani » pour la somme ci-dessus spécifiée.

Un des héritiers, la nommée Khadidja a touché 35 réaux pour le quart lui appartenant sur la totalité du jardin.

Il restait donc 105 réaux à partager entre les héritiers Khadidja, Hennia et Ahmed, défalcation faite des créances ci-dessus désignées et de celles qui suivent et qui se montent à environ 15 réaux pour gratifications diverses aux « aouns » (huissiers) du Cadi et inscriptions de l'acte et autres menus frais.

Toutes les créances ou paiements se montaient à la somme de 55 réaux; il restait donc 50 réaux à partager entre les héritiers, et ce partage a été fait de la manière suivante :

25 réaux à Khadidja, cette femme étant sœur de père et de mère de feu Mohammed.

12 réaux 1/2 à la dame Hennia.

Et 12 réaux 1/2 à la dame Yacout (tutrice de son fils Ahmed).

L'acheteur ci-dessus, le sieur A... C... a demandé à la dame El Yacout, tutrice de son fils Ahmed, de venir elle-même déclarer, par devant le Cadi, qu'elle était consentante à cette vente et ce, en représentation de son fils Ahmed.

Fait et passé devant le Cadi de Tanger, en présence de plusieurs témoins, et par ordre du Pacha de Tanger, le sieur Abderrahman ben Esseid Mohammed ben Abd el Saddok, et ce à la date du mois de Rabii de l'an 1316.

Suivent les signatures du Cadi, du Pacha, des deux adouls et des parties avec leurs témoins respectifs.

Louange à Dieu !

Le sieur A... C..., le Français, est venu déclarer qu'il avait dépensé en menus frais de toutes sortes, soit pour le crieur, soit pour les frais de justice de toute nature, la somme de 32 réaux pour l'acquisition du jardin situé au lieu dit « Souani » et dont il s'est rendu acquéreur par acte précédent.

Fait et passé le 10 du mois Rabii de l'an de 1316.

Suivent les signatures du Cadi, des deux adouls et des parties avec leurs témoins respectifs.

Transcrit sur le registre des actes notariés tenu en la chancellerie de la légation de France à Tanger, sur le folio n° 161 — n° d'ordre 16 — année 1898.

Perçu 15 francs.

Tanger, le 26 août 1898.

Le Vice-Consul chargé de la chancellerie,

Signé : illisible.

POPULATION

Il n'existe pas de statistique officielle des habitants de Tanger, mais les renseignements que j'ai puisés à bonne source donnent les indications suivantes :

Marocains : Arabes	20.000
— Israélites	10.000
Espagnols et protégés	4.000
Anglais et protégés	650
Français : Citoyens français nés en France ou en Algérie 53, nés à l'étranger 12, naturalisés Français 8, Algériens 25, Tunisiens 2, censaux 2, associés agricoles 10, protégés politiques 5. Total...	117
Américains : 1 sujet et 89 juifs naturalisés.	90
Portugais et protégés	80
Allemands et protégés	30
Italiens et protégés	25
Autrichiens et protégés	20
Grecs	9
Suédois	4
Suisses	3
Belges	2
Danois	1
Total :	35.031

PORT

I

Avantages de l'Escale

L'escale à Tanger a, sur celle faite à Gibraltar, plusieurs avantages : économie sur les droits de port et sur le ravitaillement, fret d'aller et de retour, parcours moins long pour les bateaux qui n'entrent dans le détroit que pour charbonner.

La viande de boucherie, le gibier, la volaille et les œufs que l'on trouve à Gibraltar proviennent en majeure partie de Tanger, et par suite ces vivres s'y vendent plus cher que dans ce port.

II

Mouillage

Opinion d'un Marin. — La question du ravitaillement en cours de route, très importante pour tous les navires, l'est plus particulièrement pour les bâtiments de guerre que les événements politiques exposent à se voir interdire l'accès de certains ports, ou à n'y trouver qu'un accueil malveillant.

La certitude de pouvoir compter sur les ressources d'une ville comme Tanger, vraisemblablement destinée à rester internationale, et par conséquent ouverte à tous, ferait passer les officiers des marines militaires sur des inconvénients autrement sérieux que ceux dont il est parlé à propos de sa rade.

Une fois sorti de l'arsenal un cuirassé ou un croiseur ne doit plus espérer s'amarrer à un appontement où à un quai ; d'autre part les mouillages à l'abri d'une digue sont rares.

Il faudra donc le plus souvent faire ce qu'on a fait de tous temps : jeter l'ancre dans une baie naturelle et se servir d'allèges, trop heureux de n'être pas contraint à mouiller en pleine côte ou encore à prendre au milieu de l'océan le charbon d'un transport.

Dans quelles conditions se trouvent les bâtiments devant Tanger ?

Les INSTRUCTIONS NAUTIQUES vont nous le dire !

« La plupart des mouillages de la côte Nord du Ma-
« roc sont forains (non abrités) et *seuls* ceux de Tan-
« ger, Ceuta et des Iles Zafarines offrent quelque sécu-
« rité. Les pilotes de Tanger affirment que les vents de
« N. NO. NE. n'entrent pas dans la baie et n'occa-
« sionnent jamais de grosse mer.

« Le fond offre une assez bonne tenue.

« La baie est une des meilleures de la côte. »

(Service hydrographique, — vol. 801. édit. 1890, p. 23 et s.).

Cet ouvrage officiel, auquel on n'a jamais pu reprocher l'optimisme, n'est donc pas défavorable à Tanger, bien au contraire. Les mouillages des Zafarines et Ceuta, qu'il cite pour mémoire, ne peuvent lui être préférés, car le premier, déjà loin du détroit de Gibraltar (et par conséquent du passage des bâtiments), vers l'Est, est un point désert du littoral, et le second a un fond médiocre et peu de ressources (notamment pas d'eau), ainsi que les INSTRUCTIONS le constatent.

Un ponton charbonnier, ancré depuis cinq ans devant Tanger, n'a jamais été en perdition.

Tanger, bien approvisionné par les campagnes voisines, vaut, au point de vue maritime, la plupart des escales habituellement fréquentées, et, a de plus l'avantage d'offrir toutes les facilités pour la création éventuelle d'un grand port.

A noter enfin que les courants commerciaux se dirigent *d'instinct* vers les points favorables. L'extension de la ville de Tanger, le nombre croissant des lignes de navigation qui y touchent, prouvent que l'on se trouve en présence d'un de ces points privilégiés.

III

Droits de Port

Les droits de port et les frais accessoires sont infiniment petits à côté de ceux perçus à Gibraltar. Voici en effet quels sont les droits et frais imposés aux navires qui font escale à Tanger :

Droits de port : 10 pesetas, quel que soit le tonnage et quelle que soit la durée du séjour;

Santé : 12 pesetas 50 centimos pour toutes formalités;

Droit de phare : néant.

Les frais d'expédition dans les consulats varient suivant les nationalités.

IV

Débarquements et embarquements Manipulations à terre, Emmagasinage

PASSAGERS

Des canots équipés par des Arabes, des Espagnols ou des Israélites effectuent l'embarquement et le débarquement des passagers.

1 2 3 4 5

1. Bateliers indigènes. — 2 & 3. Sur le Môle. — 4 & 5. Remorqueur et chaland de sultan.

Tarif dans le cas où les vapeurs sont mouillés au large :

Par passager............ 1 pesetas 25 centimos :
Par colis................. 0 pesetas 25 centimos :

Dans le cas où les vapeurs sont mouillés à proximité du Môle :

Par passager............ 0 pesetas 75 centimos :
Par colis................. 0 pesetas 25 centimos :

MARCHANDISES

Chacun peut embarquer ou débarquer ses marchandises par ses propres moyens.

Mais les débarquements et embarquements pour le compte de tiers, les manipulations à terre, et l'emmagasinage ont lieu par les soins de quatre entreprises dépendant du Gouvernement et dirigées par le capitaine de port. L'entreprise de débarquements et d'embarquements a comme matériel 2 remorqueurs et 12 chalands d'une jauge d'environ 10 tonnes chacun.

DÉBARQUEMENTS ET EMBARQUEMENTS

Tarif : Pour les marchandises lourdes (fers, aciers, sucres, farines, cafés, etc.), à raison de 3 pesetas la tonne de 1.000 kilos et pour les marchandises volumineuses à raison de 3 à 5 pesetas la tonne de 1.000 kilos. Mais une pratique entendue de ces opérations de débarquement permet de les unifier sur le prix moyen de 4 pesetas la tonne, sans distinction de poids ou de volume.

Ces tarifs s'entendent : marchandises prises

sous palan le long du bateau, et débarquées sur quai, et vice versa.

MANIPULATIONS A TERRE

Transport des marchandises du quai aux magasins et des magasins à la douane.

Les marchandises sont emmagasinées au débarquement et ne passent en douane qu'au fur et à mesure de leur retrait des magasins par le destinataire.

Le tarif est fixé par le capitaine de port suivant la nature, le poids ou le volume des colis.

EMMAGASINAGE

Le droit d'emmagasinage des colis est, sans distinction de poids ni de dimension, et quelle que soit la durée de l'emmagasinage (une heure ou plusieurs années) de 0 p. 25 centimos par colis.

Ce tarif est réduit à 0 p. 2 centimos 1/2, par unité, pour les marchandises EN SAC, et toujours sans distinction de poids ni de dimension.

L'emmagasinage des colis postaux est gratuit.

ACQUITS DES FRAIS ET DES DROITS

Les frais de débarquement et de manipulations à terre, et les droits d'emmagasinage ne sont exigibles qu'au moment où le destinataire prend livraison des marchandises.

V

Mesures de Sécurité

Les jours de mauvais temps, la Direction du Port fait hisser un pavillon noir pour indiquer que le tarif du débarquement des marchandises est doublé.

Dans le cas de gros temps, un pavillon jaune indique que la rade est consignée et qu'il est formellement interdit aux chalands du Gouvernement de quitter leur ancrage. Mais alors les canots des particuliers peuvent, aux risques et périls de ceux-ci, opérer au tarif qu'il leur convient, toutes opérations d'embarquement et de débarquement.

Aucun tarif n'est applicable aux débarquements des marchandises lorsque le pavillon jaune est hissé; ces débarquements sont effectués aux risques et périls des intéressés.

S'il s'agit du débarquement des passagers, il n'y a plus de tarif fixé lorsque l'un ou l'autre des pavillons de mauvais temps est hissé.

VI

Navigation générale du port de Tanger

pendant l'année 1899

ENTRÉES

PAVILLON	NOMBRE DES VAPEURS	TONNAGE	NOMBRE DES VOILIERS	TONNAGE	TOTAUX PAR PAYS	
					Nombre	Tonnage
Espagnol........	373	153.607 (1)	441	6.147	814	159.754
Anglais..........	303	134.893 (1)	4	82	307	134.975
Français........	96	65.137			96	65.137
Allemand........	64	52.479			64	52.479
Italien...........	17	32.914	2	490	19	33.404
Hollandais......	9	7.123			9	7.123
Turc.............	3	3.540			3	3.540
Belge............	1	1.593			1	1.593
Danois	1	686			1	686
Portugais.......			44	1.618	44	1.618
Russe...........			1	193	1	193
Norvégien......			1	494	1	494
TOTAUX.....	867	451.972	493	9.024	1.360	460.996

SORTIES

Les sorties ont été égales aux entrées durant l'année 1899.

ENTRÉES ET SORTIES RÉUNIES

Nombre des bateaux à l'entrée...............	1.360
— — — à la sortie...............	1.360
Total :	2.720
Tonnage à l'entrée............................	460.996
— à la sortie............................	460.996
Total :	921.992

(1) Ne pas oublier que ce tonnage comprend celui des bateaux faisant le service de Gibraltar et de Cadix à Tanger.

VII

Lignes de navigation desservant Tanger

COMPAGNIE DE NAVIGATION MAROCAINE ET ARMÉNIENNE (N. Paquet et Cie)

Départs de Marseille : 2 par mois.

1° Départ du 7 : pour Gibraltar, Tanger, Casablanca, Mazagan, Mogador, Santa-Cruz-de-Ténériffe et Las Palmas. — Retour par les mêmes escales.

2° Départ du 22 : pour Gibraltar, Tanger, Larache, Rabat, Casablanca, Mazagan, Saffi et Mogador. — Retour par les mêmes escales.

Prix des passages *(nourriture non comprise)*

		1re classe			Pont
De Marseille à Tanger.....		Francs	90	Francs	45
De Tanger à Larache......		Pesetas	10	Pesetas	5
—	Rabat	—	30	—	20
—	Casablanca.		40	—	25
—	Mazagan....	—	50	—	30
—	Saffi..........	—	60	—	35
—	Mogador.....	—	70	—	35
—	Ténériffe.....	—	90	—	45
—	Las Palmas.	—	90	—	45

Nourriture : 1re classe — 6 francs par jour.
— Pont — 3 —

COMPAGNIE DE NAVIGATION MIXTE (Cie Touache)

Algérie — Espagne — Maroc.

Départ de Marseille : tous les jeudis, à 6 heures du soir.

1° Ligne postale : Oran, Nemours, Melilla, Tétouan, Gibraltar et Tanger.

Départ de Tanger : le mercredi, à 3 heures de l'après-midi, pour : Melilla, Malaga, Nemours, Beni-Saf, Oran et Marseille.

2° Ligne commerciale : Oran, Nemours, Melilla, Gibraltar et Tanger.

Départ de Tanger : le mercredi à la même heure pour Melilla, Nemours, Oran et Marseille.

Prix des passages *(Nourriture comprise, sauf pour la 4e classe)* de *Marseille pour :*

		1re classe	2e classe	3e classe	4e classe
Oran	Fr.	95	65	28	14
Nemours.	—	110	80	40	20
Melilla....	—	120	90	50	25
Tétouan...	—	160	125	70	35
Gibraltar.	—	160	125	70	35
Tanger....	—	160	125	70	35

SOCIÉTÉ NAVALE DE L'OUEST

Départ d'Anvers le 20 de chaque mois, et du Havre le 24, pour Oporto, Lisbonne, Tanger, Casablanca, Mazagan, Mogador.

Retour direct sur le Havre et Anvers.

COMPAGNIE TRANSATLANTIQUE ESPAGNOLE

Départ de Cadix : les lundi, mercredi et vendredi à 7 heures du matin.

Arrivée à Tanger : les mêmes jours entre 11 h. 30 et midi.

Départ de Tanger pour Algeciras et Gibraltar : les mêmes jours à 1 heure.

Départ de Gibraltar et d'Algéciras : les mardi, jeudi et samedi à 7 h. du matin.

Arrivée à Tanger : les mêmes jours entre 10 et 11 heures du matin.

Départ pour Cadix : les mêmes jours à midi.

Prix des passages

		1re classe	2e classe
De Tanger à Gibraltar	Pesetas	10	5
— à Algéciras	—	13,90	6,65
— à Cadix	—	30,90	14,15

& vice-versa.

COMPAGNIE ANGLAISE M. H. BLAND ET Co

Départ de Gibraltar pour Tanger : les samedi, mardi et jeudi à 11 heures du matin.

Arrivée à Tanger à 3 heures du soir.

Retour vers Gibraltar : les lundi, mercredi et vendredi. Départ à midi.

Prix des passages

1re classe : Pesetas 10. — Pont : Pesetas 5.

COMPAGNIE FORWOOD BROS DE LONDRES

Départs hebdomadaires de Londres pour Larache, Rabat, Gibraltar, Tanger, Casablanca, Mazagan, Mogador, les îles Canaries.

Retour direct de Tanger sur Londres.

Les départs de Tanger ont généralement lieu le vendredi de chaque semaine.

Les bateaux de cette ligne sont tout spécialement aménagés pour touristes.

COMPAGNIE WOERMANN

Départs mensuels de Hambourg pour : Tanger, Larache, Rabat, Casablanca, Mazagan, Safli, Mogador, les îles Canaries et la Côte Occidentale d'Afrique.

Départs de Tanger : vers le 17 de chaque mois.

COMPAGNIE OLDENBURG, PORTUGIESISCHE,

DAMPFSCHIFFS, RHEDEREI

Départs bi-mensuels de Hambourg pour : Anvers, Gibraltar, Tanger, Larache, Rabat, Casablanca, Mazagan, Saffi et Mogador.

Retour par les mêmes escales en touchant éventuellement à Lisbonne et à Oporto.

COMPAGNIE PAPPAYANNY

Départs bi-mensuels de Liverpool pour : Tanger, Alger, Malte et Alexandrie.

Retours directs sur Liverpool.

Cette ligne est exclusivement commerciale.

COMPAGNIE ITALIENNE LIGURA BRAZILIANA

Départs mensuels de Gênes pour : Marseille, Barcelone, Tanger et Amérique du Sud.

CONPAGNIE AUTRICHIENNE

Mensuellement les bateaux du Loyld Autrichien alternent avec les bateaux de la Cie Adria.

Trieste, Tanger et Amérique du Sud.

COMPAGNIE HOLLANDAISE

Départs mensuels de Rotterdam, Amsterdam et Anvers pour Tanger.

VIII

Môle (Warf ou Appontement)

Tanger a un Môle en fer et bois, d'environ 200 mètres, construit en 1897 par la Compagnie anglaise du chemin de fer d'Algéciras à Bobadilla, dans les conditions suivantes :

Le Corps diplomatique qui constitue le Conseil sanitaire de Tanger, a amené, par l'entremise du Ministre anglais alors en mission à Fez, le Sultan à autoriser la construction de ce Môle, et à en payer le prix qui a été de 125.000 pesetas. Le Ministre anglais ayant été le négociateur de cette autorisation, ses collègues lui ont laissé le soin de choisir les constructeurs. Aussi son choix s'est-il porté sur la Compagnie anglaise du chemin de fer d'Algéciras à Bobadilla.

Les droits de péage sont perçus au profit du Sultan, qui abandonne 20 % à la Commission d'hygiène et c'est vraiment curieux que de voir des Arabes, très majestueux, délivrer et contrôler aux deux extrémités du Warf des tickets semblables à des billets de chemin de fer.

Les droits sont de 25 centimos par personne, et de 10 centimos par colis-bagage.

Il est délivré aux agences de navigation des abonnements mensuels à raison de 10 pesetas pour 4 personnes, et de 3 pesetas pour chaque batelier

Si les marchandises sont déchargées sur le Môle (ce à quoi elles ne sont pas obligées), elles sont frappées d'un droit dont la moyenne est de 1 peseta par tonne.

Droits de Douane

Les droits de douane à *l'entrée*, sont de 10 % de l'estimation. L'appréciation de la valeur est laissée à la fantaisie des douaniers qui refusent d'accepter les factures comme bases. En cas de contestations, l'impôt consiste en le prélèvement de 10 % en nature.

Exceptions :

Pour les soieries, la bijouterie et les liquides, le droit n'est que de 5 %.

Tabacs : en feuilles.........	10 pesetas les 50 kilos.
— : coupés	15 — — — —
Cigarettes :..................	25 — — — —
Cigares :	25 — — — —

TARIF des droits payés à la Douane pour les produits du Maroc à la *Sortie*, suivant le traité Allemand du 1er juin 1890, modifié par le traité Français de M. le comte d'Aubigny du 24 octobre 1892.

	Réaux espagnols	ou Pesetas
Maïs et doura, la fanège..............	10	2,50
Fèves, la fanège............................	10	2,50
Lentilles, la fanège........................	10	2,50
Pois-chiches, la fanège..................	10	2,50
Alpiste, le quint............................	5	1,25
Dattes, le quint.............................	20	5,00
Amandes, le quint..........................	15	3,75
Oranges et limons, le mille.............	4	1,00
Origan, le quint.............................	4	1,00
Cumin, le quint..............................	6	1,50
Huile, le quint................................	25	6,25
Gommes, le quint...........................	8	2,00
Henné, le quint..............................	6	1,50
Cire blanchie, le quint....................	60	15,00

	Réaux espagnols ou pesetas		
Cire vierge, le quint	50		12,50
Riz, le quint	9	3,8	2,38
Laine lavée, le quint	40		10,00
Peaux de bœufs, le quint	18		4,50
Peaux moutons et chèvres, le quint	18		4,50
Toisons, le quint	27	1/2	6,40
Peaux tannées, le quint	50		12,50
Suif, le quint	23		5,75
Poules, la douz	10		2,50
Œufs, le mille	25		6,25
Cornes, le mille	8		2,00
Pantoufles, 5 % sur la valeur estimée.			
Piquants de porc-épic, le mille	2		0,50
Ghassoul, le quint	7	1/2	1,85
Plumes d'autruche	18		4,50
Paniers, le cent	10		2,50
Carvi, le quint	8		2,00
Peignes en bois, le cent	2		0,50
Poil et crin, le quint	15		3,75
Raisin sec, le quint	10		2,50
Ceintures en laine, le cent	50		12,50
Tacaout, le quint	10		2,50
Basanes, le quint	18		4,50
Chanvre et lin, le quint	16		4,00
Anis, le quint	10		2,50
Couvertures de laine, 5 % sur la valeur.			
Tapis, 5 % sur la valeur			
Fromages, le quint	20		5,00
Palmier nain, les 100 bottes	8		2,00
Coussins brodés, 5 % sur la valeur estimée.			
Cresson, le quint	10		2,50
Fassouk, le quint	10		2,50
Cordes en poil de chèvre, le cent	10		2,50
Haïks, 5 % sur la valeur estimée			
Lièvre, la pièce	1		0,25
Fenugrec, le quint	5		1,25
Djellal, 5 % sur la valeur estimée.			
Cochenilles, le quint	10		2,50
Sacoches en cuir, 5 % sur la valeur estimée.			
Graine de lin, le quint	5		1,25
Orseille, le quint	10		2,50
Œufs d'autruche, la pièce	1/2		0,12/50

	Réaux espagnols	ou pesetas
Rognures de peaux de bœufs pour faire de la colle, le quint	4	1,00
Perdrix, la pièce	1	0,25
Poires, le quint	10	2,50
Lapins, la pièce	1	0,25
Chiffons, le quint	5	1,25
Roses (feuilles de), le quint	10	2,50
Nielle (chouïssiz), le quint	8	2,00
Sesame, le quint	10	2,50
Tamis, 5 % sur la valeur		
Sparte, le quint	2	[illegible]
Etriers en fer, 8 % sur la valeur estimée		
Boyaux, le quint	10	2,50
Noix, le quint	8	2,00
Fil de coton, 8 % sur la valeur estimée.		
Nattes, 8 % sur la valeur estimée.		
Plateaux de cuivre, 8 % sur la valeur estimée.		
Tentes, 5 % sur la valeur estimée.		
Poisson salé, le quint	20	5,00
Sarghina, le quint	5	1,25
Tortues, le quint	2 1/2	0,62/50
Balais de palmier nain, le quint	1 1/2	0,37/50
Fibre de palmier nain, le quint	2 1/2	0,62/50
Millet fin, la fanège	10	2,50
Kohl, le quintal	5	1,25
Ecorce d'arbre, le quint	6	1,50
Liège, le quint	6	1,50
Minerai de cuivre, le quint	5	1,25
Minerai de fer, le quint	2	0,50
Autres minerais sauf le plomb, le quint	5	1,25
Osier, le quint	2	0,50
Bois d'Arar, 1/2 charge de chameau	6	1,50
Bois de cèdre, 1/2 charge de mule	5	1,25

Par décision du 25 août 1901, le droit de sortie sur les pommes de terre, les courges, les tomates et les bananes a été fixé à 5 %.

Le droit de sortie pour les bœufs est de 25 pesetas.

Importations et Exportations

Les importations au Maroc et les exportations de ce pays ont lieu par Tanger, Larache, Rabat, Casablanca, Mogador, Saffi, Mazagan ou Tétouan.

Tanger est le port par où s'introduisent les plus nombreuses importations, et Casablanca est celui d'où sortent les plus nombreuses exportations. Les importations pour Fez se font en été par Tanger, et en hiver par Rabat qui est relié à Fez par des pistes sablonneuses.

TABLEAU COMPARATIF

par pays de provenance et de destination des IMPORTATIONS et EXPORTATIONS de Tanger pendant l'année 1899

PAYS DE PROVENANCE ET DE DESTINATION	EXPORTATIONS Valeurs en fr.	IMPORTATIONS Valeurs en fr.	TOTAUX PAR PAYS Valeurs en fr.
Angleterre	2.565.000	3.453.445	6.018.445
France	567.585	1.497.642	2.065.227
Allemagne	108.835	915.376	1.024.211
Espagne	1.234.953	290.868	1.525.821
Belgique		175.550	175.550
Italie	30.830	77.382	108.212
Pays-Bas		60.420	60.420
Autriche		47.800	47.800
Suède		13.000	13.000
Etats-Unis	806.130		806.130
Egypte	828.600		828.600
TOTAUX	8.231.603	7.440.402	15.672.485

ÉTAT GÉNÉRAL

des marchandises IMPORTÉES à Tanger pendant l'année 1899

PRODUITS	TOTAL EN FRANCS	FRANCE	ALLEMAGNE	ANGLETERRE	BELGIQUE	ESPAGNE	PAYS-BAS	ITALIE	SUÈDE	AUTRICHE
I										
Matières animales.										
Animaux vivants.										
1 Chevaux........										
II										
Produits et dépouilles d'animaux.										
2 Viande salée de porc..........	10.700			9.700		1.000				
3 Charcuterie fabriquée.......	1.510	800				550		160		
4 Saindoux.......	3.614			3.314		300				
5 Lait condensé...	4.455	3.010	140	1.005		300				
6 Fromage........	7.410	1.410		2.600		400	2.300	700		
7 Beurre..........	34.460	3.000	8.000	15.000			7.260	1.200		
8 Soie grège......										
9 Cire...........	21.610	660		20.250		700				
III										
Pêches.										
10 Anchois........	200	200								
11 Morue..........	1.660	50		1.550		60				
11 *bis* Sardines....	2.800					2.800				
11 *ter* Harengs.....	500									
11 *quater* Corail....	6.500	6.500		500						
IV										
Matières végétales.										
12 Farines et semoules.......	140.560	70.000		64.500						
13 Orge perlé......	600			600						
14 Riz............	10.045	1.600	6.200	875		1.370				
15 Foin...........	60	60								
16 Pommes de terre.	24.282	16.566	2.096	4.470		1.120				
17 Haricots........	3.968	750	1.175	1.800		243				
18 Graines à ensemencer.......	105	25		80						
19 Liège..........	4.000			4.000						
19 *bis* Résine......	2.940	180	2.760							
A reporter...	286.366	110.661	23.371	131.444		8.043	9.660	2.060		

PRODUITS	TOTAL EN FRANCS	FRANCE	ALLEMAGNE	ANGLETERRE	BELGIQUE	ESPAGNE	PAYS-BAS	ITALIE	SUÈDE	AUTRICHE
Report...	286.360	110.661	23.371	131.144		8.043	6.500	2.000		
V										
Fruits.										
20 Raisins secs....	1.040	40				1.000				
20 *bis* Raisins.....	25.000					25.000				
21 Figues..........	1.820	400		80		1.340				
22 Noisettes.......	2.700	200				2.500				
23 Amandes.......	3.600	3.000		600						
24 Dattes..........	2.730			2.730						
25 Olives..........	1.320					1.320				
25 *bis* Fruits divers.	30.000					30.000				
VI										
Denrées coloniales										
26 Sucre raffiné....	550.064	260.073		16.632	175.550					47.800
27 Bonbons........	14.060			14.000						
28 Fruits confits...	400					400				
29 Biscuits........	10.304	840		7.304		2.100				
30 Confitures......	5.675	2.100	175	3.400						
31 Pâtes alimentaires.........	10.140	7.800		1.040		700		600		
32 Conserves alimentaires.....	26.000	21.000	800	4.300		3.300				
33 Comestibles divers........	15.070	5.000	1.780	8.190						
VII										
Articles de consommation.										
34 Café...........	70.640	26.200	37.450	7.000						
35 Chicorée........	80	80								
36 Cacao..........	408			408						
37 Chocolat.......	4.850	3.450		400		1.000				
38 Poivre..........	23.840	80	800	22.000						
39 Piment.........	3.820	540		200		3.080				
40 Cannelle........	5.054	2.814	1.000	1.240						
41 Benjoin.........	250	250								
42 Girofle.........	12.540	240		12.300						
43 Anis............	1.140	230		510		400				
44 Thé............	385.500	3.300	24.300	357.900						
45 Tabac..........	303.300	47.000	95.250	161.050						
A reporter...	1.790.654	537.408	184.020	951.958	175.550	81.083	6.500	2.660		47.800

PRODUITS	TOTAL EN FRANCS	FRANCE	ALLEMAGNE	ANGLETERRE	BELGIQUE	ESPAGNE	PAYS-BAS	ITALIE	SUÈDE	AUTRICHE
Report......	1.790.954	537.408	184.926	751.958	175.550	81.083	9.560	2.660		47.809
46 Denrées coloniales diverses...	695	695								
47 Epices..........	10.750	5.100		5.250		400				
47 *bis* Gingembre...	2.240	23	400	1.817						
VIII										
Huiles et sucs végétaux.										
48 Huile d'olive....	62.046	28.050	6.400	20.000		8.496				
49 Huile de coton..	1.560	1.560								
50 Huile de lin....	1.750			1.750						
51 Huile de poisson.										
IX										
Espèces médicinales.										
52 Salsepareille....	6.500	5.900		600						
53 Espèces diverses.										
X										
Bois.										
54 Bois de construction...........	38.675	19.400	6.000	275					13.000	
55 Copeaux........	2.400		2.340	60						
XI										
Filaments à ouvrer.										
56 Coton en rame..	14.880			14.880						
XII										
Boissons.										
57 Vins............	118.655	17.805	180	4.065		93.695		2.820		
58 Vinaigre........	1.380	600	60			720				
59 Bière..........	24.272	3.950	10.500	6.092		2.920				
60 Liqueurs diverses	18.089	6.288	1.000	6.536		1.745	1.800	720		
61 Eaux minérales.	6.965	5.010	375	300		240		50		
62 Alcools.........	7.600		7.600							
A reporter...	2.110.311	632.770	219.781	814.483	175.550	189.299	11.360	6.250	13.000	47.809

PRODUITS	TOTAL EN FRANCS	FRANCE	ALLEMAGNE	ANGLETERRE	BELGIQUE	ESPAGNE	PAYS-BAS	ITALIE	SUÈDE	AUTRICHE
Report	2.110.311	632.776	210.781	814.483	175.550	180.200	11.300	6.250	13.000	47.800
63 Genièvre	115.040		1.300	65.130			10.450			
XIII										
Matières minérales, Marbres, pierres, terres, combustibles minéraux.										
64 Marbres	6.540		2.000	1.380				3.160		
65 Carreaux marbre	1.420	1.000						420		
66 Pierres mortuaires	2.605			1.875			480	250		
67 Briques	600	600								
68 Tuiles	30.800	30.800								
69 Plâtre	13.050	13.050								
70 Ciment	11.007	9.513	800	400		294				
71 Carreaux ciment	26.840	22.100				4.740				
72 Houille	19.244			17.214		2.030				
73 Pétrole	35.700		900	34.800						
74 Soufre	100			100						
75 Salpêtre	8.125		8.125							
XIV										
Métaux.										
76 Fer en barres	7.885	600	2.000	5.285						
77 Fer en poutres	10.330	330	10.000							
77 *bis* Fer en tubes	3.000			3.000						
78 Fer blanc	5.400		400	5.000						
79 Fer brut vieux	27.840	16.480	10.000	1.360						
80 Cuivre	15.500	2.700	3.000	9.800						
81 Acier	8.074	600	5.400	2.074						
82 Plomb	4.380	3.880		500						
83 Zinc	3.060		1.680	1.050			330			
83 *bis* Caractères d'imprimerie	200					200				
XV										
Produits chimiques.										
84 Acides	2.700	2.100		300		300				
85 Potasse	5.355	230	3.780	1.345						
A reporter	2.482.061	730.782	209.580	907.811	175.550	190.803	61.020	10.130	13.000	47809

PRODUITS	TOTAL EN FRANCE	FRANCE	ALLEMAGNE	ANGLETERRE	BELGIQUE	ESPAGNE	PAYS-BAS	ITALIE	SUÈDE	AUTRICHE
Report....	2.482.001	736.782	260.586	967.811	175.550	199.803	61.620	10.130	13.000	47.809
86 Sel marin......	850			850						
87 Alun..........	1.330	810		520				150		
88 Drogues........	40.300	20.850	500	12.000		6.200				
89 Essences........	450	400	50							
XVI										
Teintures et vernis.										
90 Cochenille......	4.320	320				4.000				
91 Indigo..........	11.500			11.500				1.000		
92 Aniline.........	5.000		500							
XVII										
		3.500								
Couleurs.										
93 Bleu d'Outre mer	6.030	5.130	100	800						
94 Vernis..........	400	50	200	150						
95 Couleurs ordinaires........	28.200	5.900	12.900	9.000				400		
96 Encre à écrire..	3.920	3.570		350						
XVIII										
Compositions diverses.										
97 Savon..........	23.900	7.605	230	16.065						
98 Parfumerie.....	8.700	5.400	600	2.240			600			
99 Médicaments...						550				
100 Amidon........	6.110	180	3.800	1.230						
101 Bougies........	141.000	500	5.500	135.000						
102 Cirage..........	1.525	1.500		25						
XIX										
Poteries.										
103 Poterie en terre commune.....	780					780				
104 Carreaux.......	225			225						
105 Faïence........	8.600	2.200	6.000	400			850	500		
106 Porcelaine......	24.780	14.070	1.500	7.800						
A reporter....	2.806.101	808.767	301.466	1.171.366	175.550	211.033	63.370	12.840	13.000	47.800

PRODUITS	TOTAL EN FRANCS	FRANCE	ALLEMAGNE	ANGLETERRE	BELGIQUE	ESPAGNE	PAYS-BAS	ITALIE	SUÈDE	AUTRICHE
Report....	2.806.101	808.767	301.466	1.171.366	175.550	211.933	63.370	12.840	13.000	47.809
XX										
Verres et cristaux.										
107 Glaces	9.300	6.600	2.400					300		
108 Verres à bâtiments........	19.240	240	19.000							
109 Verrerie........	45.730	15.400	23.150	4.700		1.980	150	50		
110 Bouteilles vides.	615	510		105						
111 Lampisterie	7.100	800	5.700	600						
XXI										
Fils.										
112 Fil de coton.....	9.400	800	1.400	3.200			4.000			
113 Ficelle.........	21.350	5.600	750					15.000		
114 Cordages.	390			390						
114 *bis* Cordon......	13.200	13.200								
XXII										
Tissus.										
115 Tissu de coton..	2.078.800	30.100	8.000	2.023.700		17.000				
116 Tissu de laine..	366.390	180.000	45.000	128.440		7.350		5.600		
116 *bis* Tapis.......	5.100	1.500		3.600						
117 Tissus de soie..	223.400	194.400				1.000		28.000		
118 Tissus de lin....										
119 Vêtements.	19.200	10.200	1.000	4.000		3.600		400		
120 Sacs vides......	10.625			10.625						
121 Bonnets rouges.	5.200	4.800	400							
121 *bis* Draps.......	146.400	37.500	104.400	4.500						
121 *ter* Toiles cirées.	600			600						
XXIII										
Papier.										
122 Papier d'emballage..........	6.030	5.000	700	150		180				
123 Papier à écrire..	28.700	15.940	2.100	8.600		1.050				
124 Papier à cigarettes.........										
125 Registres.	14.440	11.280		2.600		560				
126 Cartes à jouer..	1.840	400				1.440				
127 Chromos.......	2.780	180	600	1.600		400				
A reporter....	7.031.011	1.343.217	816.366	4.208.866	175.550	247.303	67.520	62.190	13.000	47.809

PRODUITS	TOTAL EN FRANCS	FRANCE	ALLEMAGNE	ANGLETERRE	BELGIQUE	ESPAGNE	PAYS-BAS	ITALIE	SUÈDE	AUTRICHE
Report	7.011.011	1.343.217	816.306	1.268.866	175.550	247.393	67.920	62.190	13.000	47.809
128 Fournitures de bureau	550	550								
XXIV										
Peaux et pelleteries ouvrées.										
129 Peaux préparées à chaussures	6.000					6.000				
130 Peaux préparées à semelles	6.000			4.250		1.750				
131 Chaussures	6.000	2.100		2.000		2.800				
132 Gants	200					200				
133 Selles	1.600	600		400		600				
XXV										
Ouvrages en métaux.										
134 Bijouterie										
135 Horlogerie	2.450	1.650	200	600						
136 Machines	18.000		13.000	5.000						
137 Mécaniques et outils	5.940	5.940								
138 Seaux en zinc	2.134			2.134						
139 Aiguilles à coudre	2.190		2.100	90						
140 Matériel d'électricité	7.100	1.400				5.700				
141 Coutellerie	17.350	13.500	3.500					350		
142 Ferronnerie	17.775	6.800	8.000	1.600		600	400	75		
143 Literie	7.100	600		4.700		1.800				
144 Serrurerie	6.175	1.500	1.500	900		2.275				
145 Clous	36.755	4.440	28.400	1.600		2.315				
146 Fil de fer	5.300	3.900		1.400						
147 Articles de ménage en fer, acier, ou tôle	4.320	3.240		890		200				
148 Cafetières	10.400	200		10.200						
149 Théières	5.500			5.500						
150 Plomberie	1.900			1.500		400				
151 Quincaillerie	32.400	14.040	6.560	5.800		5.260		200		
152 Jouets	1.550	450	300	600		200				
A reporter	7.248.010	1.467.017	879.926	1.318.480	175.550	277.493	67.920	62.815	13.000	47.809

PRODUITS	TOTAL EN FRANCS	FRANCE	ALLEMAGNE	ANGLETERRE	BELGIQUE	ESPAGNE	PAYS-BAS	ITALIE	SUÈDE	AUTRICHE
Report.....	7.248.010	1.305.017	870.626	4.318.480	175.550	277.493	67.020	62.815	13.000	47.809
XXVI										
Armes, poudres et munitions.										
153 Fusils de guerre.										
154 Fusils de chasse.	300	300								
155 Poudre à tirer..										
156 Cartouches.....	300	150		150						
XXVII										
Meubles										
157 Chaises........	9.300	5.400	1.000	1.700			1.200			
158 Pianos.........	11.000	2.400	2.200	3.000		4.300				
159 Billards........	700					700				
160 Meubles divers..	32.250	10.250	12.000	10.100		2.800	300	1.800		
XXVIII										
Ouvrages de sparterie et vannerie.										
161 Vannerie ouvrée.	1.065							1.065		
162 Chapeaux de paille.........	1.000	1.000								
XXIX										
Ouvrages en matières diverses.										
163 Chapeaux en feutre...........	8.460	8.000		460						
164 Instruments....	550	400		150						
165 Perles fausses..	8.470	4.120	4.200					150		
166 Bimbloterie.....										
167 Allumettes.....	42.002	25.080	4.050	1.200				9.672		
168 Parapluies et parasols........	1.570	1.180		150		240				
XXX										
Divers.	52.915	23.845	12.000	9.855		5.335		1.880		
TOTAL.....	7.440.492	1.407.042	915.376	4.353.445	175.550	290.808	69.420	77.382	13.000	47.809

ÉTAT GÉNÉRAL

des marchandises EXPORTÉES de Tanger pendant l'année 1899

PRODUITS	TOTAL EN FRANCS	FRANCE	ALLEMAGNE	ANGLETERRE	BELGIQUE	ESPAGNE	PAYS-BAS	ITALIE	ÉGYPTE	ÉTATS-UNIS
I										
Animaux vivants.										
Chevaux...........	1.400			1.400						
Bœufs.............	2.270.625			1.640.000		630.625				
Volailles..........	150.805			132.375		18.430				
II										
Produits et dépouilles d'animaux.										
Viande fraîche de bœuf............	21.472					21.472				
Viande salée de porc										
Boyaux...........	11.728		368			11.360				
Peaux de bœufs....	143.208	12.420		12.708		109.800		8.280		
„ de chèvres...	1.159.009	161.337	1.017			80.820		20.395		896130
„ de moutons..	20.212	275				19.937				
Cornes.............	918	650	108			160				
Poil de chèvre......										
Queues de bœufs...										
Nerfs..............										
Beurre.............	625			625					750	
Laine en suint.....	2.500	375	1.375							
Laine lavée........										
Cire...............	201.485	100.275	70.760	20.640						
Œufs..............	2.049.306	142.700	16.251	258.100		1 629.195		795		
Os										
III										
Pêches.										
Poissons frais......	10.100					10.100				
Poisson salé.......										
IV										
Matières végétales.										
Aldoura...........										
Alpiste............	118.833	6.600	3.113	104.720		4.400				
Coriandre..........										
Cumin	1.200					1.200				
Fèves..............										
Fenugrec										
Graine de lin......	9.120			8.100		1.020				
A reporter...	6.144.964	430.583	95.893	2.201.212		2.538.516		29.470	3.187	896.130

PRODUITS	TOTAL EN FRANCS	FRANCE	ALLEMAGNE	ANGLETERRE	BELGIQUE	ESPAGNE	PAYS-BAS	ITALIE	ÉGYPTE	ÉTATS-UNIS
Report...	6.104.004	430.58	95.8033	2.201.212		2.538.519		29.470	3.187	896.130
Origan	1.825					1.825				
Oignons										
Pois chiches	30.031	300		17.935		11.796				
Sarghine (racines)	2.814	2.814								
Maïs										
Liège Tan	7.626	4.272		1.500		1.854				
Feuilles de roses	4.400	3.600		800						
Légumes frais										
V										
Fruits.										
Amandes	3.540		660	2.880						
Raisins secs										
Oranges	1.350		1.350							
Dattes	401.532	750	868	314.450		85.405				
Olives	505								505	
Huiles	5.000			5.600						
VI										
Gomme Sandaraque										
Fassoukh (gomme)	10.720	720							10.000	
VII										
Boisson.										
Eau de vie										
VIII										
Matières minérales										
Gassoul (terre savonneuse)	48.267	30.375		8.424						
IX										
Fabrications.										
Babouches	857.980	30.480				165.000			662.500	
Poterie	2.064		2.064							
Tissus de laine Haïti djiblabas, couvertures	451.680	27.480				274.200			150.000	
Tapis	139.900	5.100		7.000		127.800				
Plateaux en cuivre, étriers	6.800	5.200				1.600				
Peaux tannées										
Cuir Filali										
Peaux vertes										
Nattes, couffins, cordes, divers	3.145	945		2.200						
Divers...	37.220	15.000	8.000	3.000		6.000		1.300	2.000	
TOTAL...	8.231.663	507.585	108.835	2.565.000		5.234.953		30.830	828.660	896.130

ÉTAT RÉCAPITULATIF

des sommes représentant la valeur des marchandises IMPORTÉES à Tanger pendant l'année 1899

PAYS DE PROVENANCE	SOMMES EN FRANCS
Angleterre	4.353.445
France	1.407.942
Allemagne	915.379
Espagne	300.868
Belgique	175.550
Italie	77.382
Pays-Bas	69.420
Autriche	17.800
Suède	13.000
TOTAL	7.440.402

ÉTAT RÉCAPITULATIF

des sommes représentant la valeur des marchandises EXPORTÉES de Tanger pendant l'année 1899

PAYS DE DESTINATION	SOMMES EN FRANCS
Espagne	3.231.053
Angleterre	2.565.000
Etats-Unis	890.130
Egypte	828.660
France	567.585
Allemagne	108.835
Italie	30.830
TOTAL	8.231.993

Petit Soko (Sokito ou place des Postes).

Postes

Jusque dans ces dernières années aucun service régulier de poste ne fonctionnait entre Tanger et les principales villes du Maroc.

C'est un Français, M. Gautsch, commerçant au Maroc qui a établi le premier service postal régulier entre Fez et Tanger, une des capitales et le grand port.

En 1893, le Gouvernement Français se faisait remettre gracieusement par M. Gautsch ce service, et le transmettait à l'Administration des Postes françaises. A la même époque l'Angleterre et l'Espagne installaient aussi des services des postes, puis en 1900 l'Allemagne faisait de même.

Il y a donc maintenant au Maroc quatre services réguliers de postes : l'anglais, l'allemand, l'espagnol et le français.

Poste Française

Le bureau de poste française que le Directeur m'a fait visiter en entier, est très bien agencé.

Moyennant une peseta par mois l'on a droit à une petite boîte dans laquelle le courrier est mis au fur et à mesure de son arrivée. En septembre 1901 56 boîtes étaient louées.

A la nouvelle année les facteurs donnent un calendrier au dos duquel est établie la concordance des calendriers israélite et musulman avec le calendrier chrétien. Sur une feuille annexée se trouvent toutes les notions nécessaires sur le service de la Poste française au Maroc.

Reproduction de l'avis officiel affiché dans le bureau

POSTES FRANÇAISES
TANGER

LE BUREAU EST OUVERT

Jours ordinaires. . . . . De **7** h. m. à midi. – De **2** h. à **7** h. s.
Dimanches et Fêtes. . . . . De **8** h. **30** à **11** h. **30** du matin.

OPÉRATIONS POSTALES

Affranchissements. – Recommandations. — Chargements. Valeurs déclarées. Lettres et boites.

Mandats de poste français et internationaux. Bons de Poste. Recouvrements. — Caisse d'Epargne, etc., etc.

DÉPARTS DES COURRIERS

Pour l'EUROPE (France, Algérie et autres pays).	
Via Cadix	**Les Mardis, Jeudis et Samedis, à 9 h. 30 m.**
Via Algeciras	**Les Lundis, Mercredis et Vendredis, à 10 h. 30 m.**
Pour MARSEILLE (voie directe).	**Les 12 et 27 de chaque mois.**
Pour MARSEILLE et GÊNES (par vapeur italien).	**Le 2 de chaque mois.**
Pour ORAN et MARSEILLE par Gibraltar, Ceuta, Tetouan, Melilla, Nemours et Beni-Saf	**Les Mercredis, à 9 h. 30 m. chaque quinzaine.**
Pour le BRESIL (par vapeur italien).	**Le 19 de chaque mois.**
Pour TETOUAN	**Tous les jours (sauf le dimanche), à 4 h. 30 s. (courriers-piétons).**
Pour EL-KSAR, FEZ et FEZ-MELLAH. **Pour MEQUINEZ**	**Les Lundis, Mercredis et Vendredis, à 4 h. s. (— —).**
Pour EL-KSAR *Via Larache*	**Les Samedis, à 4 h. s. (courriers-piétons).**
COTE — **Pour ARZILA**, » **LARACHE**, » **SALE**, » **RABAT**, » **CASABLANCA**, » **MAZAGAN**, » **MARRAKESH**, » **SAFFI**, » **MOGADOR**	**Les Lundis, Mercredis, Vendredis et Samedis, à 4 h. s. (courriers-piétons), et par tous les Vapeurs allant à la Côte. (Départs annoncés à l'extérieur du bureau.)**

CLOTURE DES OPÉRATIONS D'ENREGISTREMENT — Une demi-heure avant le départ de chaque courrier.

ARRIVÉES DES COURRIERS

D'EUROPE	
Via Cadix	**Les Lundis, Mercredis et Vendredis, à 1 h. 30 s.**
Via Algeciras	**Les Mardis, Jeudis et Samedis, à 11 h. 30 m.**
De MARSEILLE (voie directe).	**Les 12 et 27 de chaque mois.**
D'ORAN par Beni-Saf, Nemours, Melilla, Ceuta et Gibraltar	**Les Mardis, à 3 h. s., chaque quinzaine.**
De TETOUAN	**Tous les jours (sauf le Dimanche), à 7 h. m. (courriers-piétons).**
D'EL-KSAR **De FEZ et FEZ-MELLAH** **De MEQUINEZ**	**Les Lundis, Mercredis et Vendredis, à 6 h. s. (— —).**
De la Côte	**Les Lundis, Mercredis, Vendredis et Samedis, à 7 h. m. (courriers-piétons), et par tous les vapeurs venant de la Côte.**

OCTOBRE 18[illegible]. *Le Receveur des Postes*, **MUGEL.**

Tarifs

Pour Tanger : 0,05 centimos par 15 grammes ;

Pour le Maroc : 0,10 centimos par 15 grammes ; 0,20 centimos de 15 à 50 grammes ; 0,50 centimos de 50 à 250 grammes.

Pour pays autres que le Maroc : Tarif de l'Union Postale universelle.

La taxe est payable en pesetas pour les lettres, imprimés et échantillons, mais elle l'est en francs pour les chargements et les recommandations.

Postes allemande, anglaise et espagnole

Ces trois postes font le même service que la poste française pour tous pays autres que le Maroc, mais dans celui-ci elles ne desservent pas toutes les mêmes localités.

Poste Allemande

Fez-Mellah, El-Ksar, Larache, Rabat, Casablanca, Mazagan, Saffi, Mogador.

Poste Anglaise

Tétouan, Fez, Larache, Rabat, Casablanca, Mazagan Saffi, Mogador.

Poste Espagnole

Tétouan, Fez-Mellah, Méquinez, Arzilla, Salé, Merrakèche.

Poste Marocaine

Cette poste ne fonctionne que dans le Maroc, et elle n'est utilisée que par les marocains.

Le tarif est de 0,10 centimos sans limite de poids.

Télégraphe

Trois câbles télégraphiques relient Tanger avec l'Europe : un câble anglais, un espagnol et un français.

La ligne française a été ouverte le 24 juin 1901. Le bureau du télégraphe est dans celui des postes.

Tarif : 0,20 centimes par mot pour la France et 0,15 centimes pour l'Algérie et la Tunisie.

Cette voie n'étant pas connue en France de tous les employés de l'administration des télégraphes, il est bon de mettre sur les câblogrammes la mention suivante : « via *Oran* »

Le tarif « via *Espagne* » est de 0,35 centimes et « via *Malte* » de 0, 65 1/2.

Lumière électrique

La Compagnie Transatlantique espagnole a installé à Tanger, en 1894, une usine de lumière électrique.

Les principales rues, quelques habitations et les magasins sont éclairés à la lumière électrique.

Le prix est de 5 pesetas par mois et par lampe de 12 bougies.

Téléphone

Un réseau de téléphone existe à Tanger. Il a été organisé, en 1883, par un particulier, M. Emilio Rotondo y Nicolau, qui en est resté propriétaire, et qui l'exploite lui-même, sans demoiselles. Il fonctionne régulièrement.

En septembre dernier les abonnements étaient au nombre de 123.

Le tarif est de 10 pesetas par mois. Il n'existe pas de cabine publique.

Médecins

1° Diplômés par des facultés de France

Docteur Paul Fumey (de la Faculté de Paris), médecin de l'Hôpital Français, docteur Cabanes (de la Faculté de Toulouse), médecin de l'Hôpital Français, docteur Spiwakoff, d'Odessa (de la Faculté de Paris).

2° Anglais

Docteurs Jefferson père et fils.

Deux médecins attachés aux missions évangéliques.

Et une doctoresse.

3° Allemand

Docteur Kunitz, spécialiste pour les maladies des yeux.

4° Espagnols

Docteurs Joachim Cortès, Ramon Fiol, Bessingner et Cordeira, attachés à la mission militaire espagnole et à la légation.

Docteurs Guitta et Morera.

5 Médecins non diplômés et de nationalités diverses

MM. Nicolas Dassoy (Anglo-Américain), Kermenty (Italien), Lucki (Autrichien), et 3 médecins arabes anciens élèves du docteur Ovilo, médecin de l'Hôpital Espagnol.

Pharmacies

Pharmacie Française, M. Serph, pharmacien de 1re classe; — Pharmacie Franco-Russe, M. Cerèze. — British Pharmacy, dirigée par le docteur Guitta.

Pharmacies Espagnoles : Bottica Espagnola, M. Montecatiné; Pharmacie Internationale, M. Aldolfo Duran; Pharmacie Lémenty; Pharmacie Dassoi.

Hopitaux

Tanger a 4 hôpitaux : deux anglais dont un pour les hommes et l'autre pour les femmes, un Espagnol, un Français, et un Israélite.

Hôpital Français

Dans cet hôpital qui a été construit sur un terrain donné par M. Jules Jaluzot, et d'où l'on a une vue admirable sur l'océan et sur le détroit, tous les indigents de nationalité française sont admis gratuitement. Il en est de même des Marocains, mais ceux-ci sont soignés dans un pavillon spécial.

Trois fois par semaine, les lundi, mercredi et vendredi à 10 heures, des consultations sont données aux indigents de toutes nationalités.

L'hôpital a deux belles chambres dans lesquelles

quiconque, quelle que soit sa nationalité, est soigné moyennant indemnité.

Le service de l'hôpital est effectué par :

Les docteurs Fumey et Cabanes, un infirmier — masseur — pharmacien, M. Jean Fabeuf ancien infirmier en chef de l'Hôpital d'Alger, et une infirmière.

Dans le quartier de la Kasbah, dans une clinique-dispensaire spéciale pour Musulmans des deux sexes, les deux médecins de l'Hôpital Français donnent gratuitement consultations, soins et médicaments.

Tous les frais de l'hôpital et de la clinique sont couverts par une subvention de la légation de France, et par les indemnités que paient les personnes qui reçoivent des soins dans les deux chambres réservées.

Eglise, Temple, Synagogues, Mosquées, Missions, Écoles

A Tanger les édifices à l'usage des cultes sont : une église catholique desservie par des Franciscains espagnols, un temple protestant anglais, de nombreuses synagogues, deux grandes mosquées et plusieurs petites mosquées.

La mission catholique se compose de Franciscains espagnols et de Franciscaines de la même nationalité.

Les Franciscains résidant à Tanger sont au nombre de 25 dont 9 prêtres et 16 frères ; les sœurs

1. Mosquée. — 2. Temple protestant. — 3. Eglise catholique.
4. Hôpital français. — 5. Hôpital anglais.

Franciscaines sont au nombre de 16. Dix d'entre eux tous sont affectés à l'Hôpital Espagnol; les autres le sont aux diverses écoles de la mission. L'une des écoles est professionnelle, et elle forme de très bons ouvriers.

Très patriotes, les Franciscains servent grandement les intérêts de l'Espagne au Maroc, et malgré cela, la France et l'Angleterre peuvent leur être reconnaissantes, car, grâce à eux, leurs élèves savent un peu le français et l'anglais. Ils ont dans leurs écoles des cours hebdomadaires faits par trois laïques : un Français, un Anglais et un Arabe.

La mission est subventionnée par l'Espagne et elle jouit, comme le Corps diplomatique, de la franchise des droits de douane.

Il n'y a pas au Maroc de mission catholique française, attendu que l'Espagne s'est réservé par traité le privilège exclusif de fonder au Maroc des communautés religieuses. Il ne peut donc y en avoir, pas plus du reste que de mission italienne ou autrichienne.

La mission protestante est anglaise, et elle est des plus actives. Elle ne se contente pas d'évangéliser, elle a aussi des écoles comme la mission catholique espagnole.

En sus des écoles des Missions, il existe à Tanger :

Une école française de garçons indigènes, créée sous les auspices du Comité de l'Alliance Française de Paris, et subventionnée par les Français habitant Tanger;

Une école de garçons et une école de filles, fondées par l'Alliance Israëlite de Paris, et subventionnées par elle ;

Et plusieurs écoles indigènes.

Climat, Touristes, Hôtels

Le climat de Tanger est à juste titre réputé comme étant l'un des plus salubres et des plus beaux du monde. Il est à peu près semblable à celui de Madère. Au plus fort de l'été le thermomètre ne dépasse pas 32°, et en hiver il ne descend généralement pas au-dessous de 12°. Aussi le nombre des touristes visitant cette ville et des étrangers y séjournant pendant l'hiver, est-il en progression constante.

Les hôtels sont disséminés dans l'ancien Tanger et dans le nouveau; ils sont assez différents les uns des autres, tant par leur situation que par leur genre.

La « *Villa de France* » est située en haut du grand Soko, près de la légation d'Angleterre. C'est un hôtel bien tenu et très fréquenté.

Le « *Continental Hotel* » qui se trouve dans l'ancien Tanger, non loin du quartier de la Kasbah, domine le port. Très cosmopolite, il a une très nombreuse clientèle de touristes. Bien aménagé et bien tenu.

La « *Villa Valentina* » est une maison de famille située dans le quartier du Madhi, près de la villa du Ministre de France et de la légation de

1. Cecil Hotel. — 2. Continental Hotel. — 3. Villa de France.
4. Villa Valentina. — 5. Sur la plage.

Russie. Cette maison, qui est de très bon ton, a plus spécialement sa clientèle dans le monde des attachés de légations.

« *Cecil Hotel* » est situé sur la plage. Il est composé de 3 pavillons très distincts l'un de l'autre, mais ayant tous trois une très belle vue sur la plage. L'un, que l'on terminait en été dernier, paraissait devoir être aménagé suivant le goût moderne, le deuxième, qui a été construit il y a quelques années, est bien organisé et très propre et le troisième, qui est l'ancien « New-York Hôtel » est moins bien aménagé, tout en étant propre cependant. Cet hôtel a une clientèle de touristes et de séjournants.

« *Bristol Hotel* » se trouve sur le petit Soko c'est-à-dire sur la place la plus animée; il n'est guère fréquenté que par les touristes. Le rez-de-chaussée de cet hôtel est occupé partie par un café-bar, partie par la poste anglaise.

« *Oriental Hotel* » et « *Mac Lean Hôtel* » sont situés dans l'ancien Tanger.

Banquiers

Comptoir National d'Escompte de Paris;

Ch. Gautsch et Cie, Français; M. Y. Benasayag Marocain; — H. Benchimol, Marocain, protégé Français; — J. M. Cohen, Marocain; — Haessner et Joachimssohn, Allemands; — Moses J. Mahon, Marocains, protégés Italiens, correspondants du Crédit Lyonnais; — A. S. Mahon et Cie, Marocains protégés Italiens; — et Sertafy et Delmar, Brésiliens.

Changeurs et Courtiers. — A. Cazès, Marocain, protégé américain; — J. Delmar, Marocain; — et Edéry et Cie, Marocains.

Journaux

Quatre journaux sont publiés à Tanger :

Un français : *Le Réveil du Maroc*, paraissant tous les jeudis.

Un anglais : *Al Moghreb Al-Aksa*, paraissant chaque samedi.

Deux espagnols : *El Porvenir* (quotidien). — *El Eco Mauritano* (bi-hebdomadaire), mercredi et samedi.

Théâtre

Tanger a un théâtre... en bois, le « *Licco-Roméa* ». Les prix des places qui sont de 2 pesetas 50 au palco, 1, 50 butaca, 1, 25 luneta, et 0, 50 grada, indiquent suffisamment que la mise en scène et les décors ne sont pas somptueux. Les nombreux écriteaux « *se prohibe fumar dentro del Téatro* » rappellent que Tanger est la ville chérie de la Liberté, car ce n'est qu'à travers un très épais nuage de fumée que l'on entrevoit la scène.

Monnaies

La monnaie qui circule à Tanger consiste surtout en pièces espagnoles et en pièces marocaines, mais les françaises et les anglaises sont acceptées, et elles bénéficient de leur plus-value.

Le prix des transactions entre Européens (Français et Anglais exceptés), ou entre Européens et indigènes, se calcule par pesetas et douros.

A Tanger les pièces marocaines d'argent en circulation sont de 5 francs (*réal marocain*); 2 fr.50; 0 fr. 50; et 0 fr. 25.

La monnaie de billon marocaine a pour unité la *mouzouna*. Les pièces de billon sont de 2/3 de mouzouna, 1/16 de mouzouna, etc. Mais il n'en existe pas d'une mouzouna.

Mesures

Poids. — *Cantar* ou *quintal* de 100 livres du pays. Livre : 750 grammes.

Longueur. — *Coudée* ou *drâ* = 8 *tomins* = 0 mètre 57.

Capacité. — *Fanègue* = 56 litres 39; *Fanègue comble* = 72 litres 68.

Photographies

Tanger est le pays rêvé pour la photographie, car la lumière y est très belle, et les sujets, dont on tient à conserver le souvenir, y sont nombreux Mais dans l'usage de l'objectif, il est prudent d'apporter de la discrétion, tout au moins dans certains quartiers, et partout les jours de grandes fêtes musulmanes. C'est avec un appareil Darlot 13 × 18 que j'ai pris, en 1898, les deux grandes photogra-

8

phies qui se trouvent dans cet ouvrage. Quant aux autres, je les ai obtenues, en septembre 1901, avec un vulgaire petit Kodack pliant, et pour la plupart, alors que je me trouvais sur une mule allant au pas. Ces petits appareils sont vraiment précieux pour le touriste, car ils ne nécessitent ni grandes connaissances photographiques, ni soins méticuleux pour leur chargement. J'avais toujours dans la poche plusieurs bobines de rechange, et, au fur et à mesure des besoins, je rechargeais en plein soleil, sans descendre de la mule.

Dans une rue qui se trouve près du petit Soko, il existe un photographe qui développe très bien aux prix habituels de France.

MAROC

Pour percevoir les causes de la bizarrerie et de l'intérêt de Tanger, il est utile de rappeler ce qu'est le MAROC, quelle est la forme de son gouvernement, et quel homme est le Sultan. Je ne pouvais faire mieux que de reproduire ici des extraits des articles et des livres les plus intéressants parmi les plus récents qui ont paru sur ces sujets.

Extrait de « *Le Maroc inconnu* », par Auguste Moulieras. Librairie coloniale et africaine, Joseph André, rue Bonaparte, 27, Paris, éditeur, 1898.

Le véritable nom du Maroc

Les Marocains désignent leur pays, dans son ensemble, par le terme commun *El R'arb* (l'Occident); ils se donnent à eux-mêmes le nom de *Mr'arba* (occidentaux); dont le singulier est *Mr'arbi* (occidental). — Les dénominations de Maroc et de Marocains leur sont totalement inconnues. — Maroc, est un mot atrocement défiguré, dans lequel on a peine à reconnaître la prononciation arabe de Merrakèche, ville principale de la province de ce nom.

En arabe littéral on appelle le Maroc, *El Mr'rib-El-Ak'ça* (l'Occident extrême). Les indigènes lettrés seuls se servent quelquefois en parlant, de cette expression; mais ils prononcent toujours *El Mar'rib* ou *El Mag'rib* (avec un i), pour ne pas confondre ce terme avec son homogramme *El Mar'reb* ou *El Mag'reb* (moment du coucher du soleil).

Extrait de la « *Notice sur le Maroc* », par H.-M.-P. DE LA MARTINIÈRE. H. Lamirault et Cie, éditeurs. Paris 1897.

Situation géographique. Limites.

Le Maroc ou Pays de l'Extrême-Occident, comme l'indique son appellation arabe, *El Moghreb el-Aksa*, est aussi nommé empire chérifien en raison de la qualité de chérif ou descendant du prophète Mohammed, dont se parent les souverains de la dynastie actuelle. Il est situé dans l'angle que forme le continent africain en face de la péninsule Ibérique, et que déterminent la Méditerranée, le détroit de Gibraltar, puis l'Océan Atlantique.

. . . .

Le Maroc actuel est formé de la réunion des royaumes de Fez, de Maroc, du Sous et du Tafilalet ; on peut approximativement le comprendre comme hauteur entre le 35° 51' 01" lat. N. extrême (lat. de la citadelle de Ceuta) et environ 27° 10, lat. approchée extrême S. (lat. de la Saguïat el-Hamra), et comme largeur entre l'embouchure de l'ouâd Adjeroud, qui est par 35° 05' lat. N. et 4° 35' long. O. de Paris, et cette même embouchure de la Saguïat el-Hamra.

. . . .

Les limites naturelles du Maroc sont : au N., la Méditerranée, le détroit de Gibraltar ; à l'O., l'Océan Atlantique ; au S., les régions sahariennes ; enfin, à l'E., elles étaient jadis et dès l'antiquité, aux temps de la Mauritanie Tingitane, constituées par le fleuve Molouïa, la Mulucha des anciens.

Par l'art. III du traité de Lalla-Marnia, en date du 18 mars 1845, ces limites ont été reportées plus à l'E. La frontière a été constituée par le petit ruisseau dit ouâd Adjeroud, à l'endroit où il se jette dans la mer ; elle remonte ce cours d'eau jusqu'au point où il prend le nom de Kiss, passe par un tracé tout à fait conventionnel entre Lalla-Marnia et Oudjda et s'arrête au col dit Teniet es-Sâsi, situé à peine à 120 kil. au S. de la côte. Au S., dans les régions que le traité a qualifiées de désertiques, il n'y a pas de limite territoriale, et l'on s'est borné à énumérer un certain nombre de tribus comme marocaines et d'autres comme algériennes.

. . . .

Le climat du Maroc est très sain ; les maladies épidémiques y sont rares. Climat.

. . . .

Dynastie. Chronologie de la dynastie des Chérifs filali ou hasani.

Maulay-Chérif, fils d'Ali-el-Hasani, maître du Tafilalet, 1633 ; Mohammed, son fils, 1637 ; le même à Fez, 1649 ; Maulay-er-Rechid, frère du précédent, 1664 ; Abou-Naser-Ismaïl, plus connu sous le nom de Maulay-Ismaïl, son frère, 1672 ; Ahmed-ed-Dehebi, son fils, 1727 ; Abd-el-Malek, son frère, 1728 ; Abdallah, frère des précédents, 1729 ; Ali, son frère, 1735 ; Abdallah revient, 1736 ; Mohammed-ben-Ariba, leur frère, 1736 ; El-Mostadi, leur frère, 1738 ; Abdallah, pour la troisième fois, 1740 ; Mohammed, son fils, 1748 ; Maulay-Yesid, son fils, 1789 ; Maulay-Seliman, son frère, 1792 ; Maulay-Abderraman, son neveu, 1822 ; Sidi-Mohammed, son fils, 1859 ; Maulay-el-Hasan, son fils 1873 ; Maulay-Abd-el-Aziz, son fils 1894.

On parle au Maroc un arabe qui est à peu de chose près l'arabe vulgaire d'Algérie. Langage.

. . . .

Au Maroc, les chérifs font précéder leur nom du titre « maulay » (mon maître) ; ils sont fort nombreux, constituent en somme la noblesse religieuse. Chérifs au Maroc.

Extrait de « *Au Maroc* », par Pierre Loti.
Calmann Lévy, éditeur, Paris.

Il est bien un peu sombre, cet empire du Moghreb, et l'on y coupe bien de temps en temps quelques têtes, je suis forcé de le reconnaître : cependant je n'y ai rencontré, pour ma part, que des gens hospitaliers, — peut-être un peu impénétrables, mais souriants et courtois — même dans le peuple, dans les foules. Et chaque fois que j'ai tâché de dire à mon tour des choses gracieuses, on m'a remercié par ce joli geste arabe, qui consiste à mettre une main sur le cœur et à s'incliner, avec un sourire découvrant des dents très blanches.

Quant à S. M. le Sultan, je lui sais gré d'être beau ; de ne vouloir ni parlement, ni presse, ni chemins de fer, ni routes ; de monter des chevaux superbes ; de m'avoir donné un long fusil garni d'argent et un grand sabre damasquiné d'or. J'admire son haut et tranquille dédain des agitations contemporaines ; comme lui, je pense que la foi des anciens jours, qui fait encore des martyrs et des prophètes, est bonne à garder et douce aux hommes à l'heure de la mort. A quoi bon se donner tant de peine pour tout changer, pour comprendre et embrasser tant de choses nouvelles, puisqu'il faut mourir, puisque forcément un jour il faut râler quelque part, au soleil ou à l'ombre, à une heure que Dieu seul connaît ? Plutôt, gardons la tradition de nos pères qui semble un peu nous prolonger nous-mêmes en nous liant plus intimement aux hommes passés et aux hommes à venir. Dans un vague songe d'éternité, vivons insouciants des lendemains terrestres, et laissons les vieux murs se fendre au soleil des étés, les herbes pousser sur nos toits, les bêtes pourrir à la place où elles sont tombées. Laissons tout, et jouissons seulement au passage des choses qui ne trompent pas, des belles créatures, des beaux chevaux, des beaux jardins et des parfums de fleurs.

Extrait *des Rapports Consulaires officiels et annuels adressés au Foreing Office de Londres par ses Agents Consulaires.* (Traduction).

ANNUAL SERIES N° 2323

MOROCCO. *Trade of Dar-al-Baid and Distril* (Casablanca et environs) *for the Years 1897 and 1898*

Foreign Office voir 1899 Pages 5 & 6

J'ai pas mal voyagé en Afrique, notamment dans nos Colonies sud-africaines, et je n'ai *jamais* trouvé un pays aussi fertile, d'une façon générale, que le Maroc, ni un climat convenant mieux aux Européens.

Le bétail, les chevaux, les moutons, les chèvres et la volaille y prospèrent merveilleusement, sans soins particuliers, sans même qu'on y fasse attention.

Dans les districts agricoles, le sol à peine gratté par les charrues indigènes, donne d'excellentes récoltes de toutes espèces de graines et légumes à cosse.

Dans d'autres districts, la vigne est florissante, bien qu'on la cultive de la façon la plus primitive.

De nombreuses espèces d'arbres poussent partout où on les plante et où on les soigne, et là où les indigènes ne les détruisent pas pour en faire du combustible ; mais il n'y a rien que de décourageant à recueillir pour ceux qui voudraient tirer partie de ces ressources.

Il y a du cuivre très riche, du plomb, de l'antimoine et du pétrole, mais l'exploitation en est impossible aux Européens comme aux indigènes.

Il n'y a pas de routes tracées, pas de chemins de fer, pas de télégraphe, pas de canaux, pas de ports.

Un jour le Maroc sera un champ vierge pour l'ingénieur qui n'aura pas à réparer les erreurs de prédécesseurs.

Il existe un certain trafic, mais on doit le considérer comme presque insignifiant si on le compare à ce que donnerait le pays sous un gouvernement animé de l'esprit de progrès.

. . . .

Il est étonnant que les peaux de chèvres soient envoyées aux Etats-Unis pour y être tannées et ensuite retournées en Europe. Les tanneurs anglais choisissent les peaux qui leur conviennent et négligent le reste, mais il semble qu'il y aurait place pour une autre branche de leur industrie, car si les Etats-Unis trouvent un bénéfice à utiliser cet article, il s'ensuit que l'Angleterre en aurait un aussi, d'autant plus qu'elle aurait sur les Etats-Unis l'avantage d'épargner le double fret de la traversée.

. . . .

Extrait de « *Le Maroc* », par A. NIESSEL, capitaine d'infanterie breveté. Librairie militaire, R. Chapelot et Cie, éditeurs, Paris, 1901.

Aperçu géographique. La superficie du Maroc est considérable. Sans le désert, elle est approximativement de 439.200 kilomètres carrés. Cette contrée présente, dans sa constitution physique, une différence capitale avec l'Algérie; c'est l'existence de très hautes montagnes, aux massifs très étendus d'où coulent des fleuves beaucoup plus importants que ceux de notre colonie africaine. Or, en Afrique l'eau, c'est la fertilité et la vie. Le Maroc, au point de vue des productions du sol, est beaucoup plus favorisé par la nature que l'Algérie.

. . . .

Populations du Maroc. On ne connaît que très approximativement la population du Maroc. Elle est estimée à 8.000.000 d'habitants environ. Deux races principales s'y trouvent en présence : les Berbères et les Arabes.

. . . .

Principe du Gouvernement. Le gouvernement marocain est une monarchie absolue qui remonte à l'an 790.

. . . .

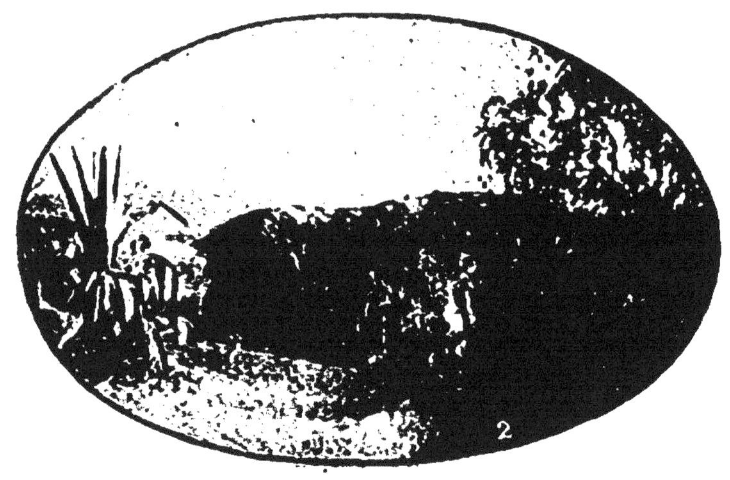

1. Au Marchan — Au quartier du Chemin des Vignes.

3. Falaise près de l'Hôpital français.

Le souverain actuel, Mouley Abd el Aziz, a succédé à son prédécesseur Mouley Hassan, le 6 juin 1894.

. . . .

Le Maroc se compose donc seulement de tribus juxtaposées sur lesquelles un souverain, riche et puissant par rapport à chaque tribu prise séparément, exerce une autorité souvent plus nominale que réelle. La situation au point de vue politique est un peu celle d'un souverain européen au Moyen âge. Il n'est maitre que de ce qui se trouve sous sa main.

. . . .

Fonctionnement du gouvernement.

Le gouvernement est très simple. Il n'y a pas d'administration au sens européen du mot. Le Sultan décide tout par lui-même, et est entouré de conseillers qu'il choisit arbitrairement, et dont les fonctions sont mal définies. Plusieurs de ses parents lui servent de khalifa (lieutenant) et sont employés par lui selon les besoins. Le grand Vizir est, en somme, une sorte de premier secrétaire de cabinet, qui a surtout à surveiller les khodja du Sultan. D'autres fonctionnaires gardent les fonds, annoncent les personnes qui ont à faire des réclamations, etc. L'un d'eux, que les Européens appellent ministre de la guerre, n'a qu'à payer la solde des troupes. Un autre, qui réside à Tanger, est en rapport avec les ministres étrangers et sert d'intermédiaire entre eux et le Sultan ; nous le nommons à tort Ministre des affaires étrangères, car il n'a aucune administration à diriger et n'agit que d'après les ordres directs de son maitre.

. . . .

Ressources financières du Sultan.

Le Sultan perçoit sur les tribus soumises les impôts de la Zekkat et de l'Achour. Il y joint les amendes infligées aux tribus qui se sont révoltées, aux amels qui ont donné lieu à des plaintes ou qu'il croit trop riches. La responsabilité collective des tribus est largement appliquée ; c'est le seul moyen de maintenir l'ordre au milieu de l'anarchie politique du Maroc, et de faire rentrer les fonds.

. . . .

Le Sultan perçoit aussi une partie des droits de douane (10 % à l'entrée pour toutes les marchandises, et des droits de sortie sur certaines denrées). Mais une partie de ces droits est retenue par l'Espagne comme indemnité de guerre ; des agents espagnols y veillent dans chaque port. Ces droits sont annuellement de 8 à 12 millions de francs.

Enfin la fortune personnelle du Sultan est considérable. Il possède un grand nombre d'esclaves, de chevaux, de bestiaux. Il a dit-on, dans ses palais de Meknez et de Mrakesch de grandes sommes d'argent, et chaque année il y ajoute.

On estime, très approximativement bien entendu, que son budget annuel est de 7.000.000 environ (1).

. . . .

Politique intérieure du Sultan.

Le Sultan est obligé de recourir sans cesse à la force pour faire respecter son autorité toujours précaire en dehors des environs de ses capitales. Il est obligé de ménager certaines personnalités religieuses dont l'influence est grande, par exemple, le Chérif d'Ouazzan. Il cherche surtout à empêcher les coalitions de tribus ou d'influences, et toute sa politique intérieure peut se résumer dans l'expression : diviser pour régner.

. . . .

Politique étrangère du Maroc.

En somme, le Sultan ne demande qu'à vivre en paix avec toutes les puissances. Il a toujours su jusqu'à présent utiliser la rivalité des gouvernements européens pour n'accorder à aucune des concessions sérieuses. Dès que l'un lui donne des inquiétudes, il s'appuie sur les autres qui se hâtent d'intervenir ou du moins d'avoir l'air de vouloir intervenir.

. . . .

Relations entre la France et le Maroc.

Les 8 millions d'habitants du Maroc en feraient pour nos produits, si nous en devenions maîtres, un marché important, plus important que l'Algérie elle-même. Sa richesse ne ferait que s'accroître quand des

(1) Almanach de Gotha.

débouchés suffisants lui seraient ouverts, et en ferait un bon placement pour nos capitaux.

Extrait de « *Le Maroc* », étude commerciale et agricole, par Gustave Wolfrom, ex-délégué du Ministère du Commerce au Maroc. Librairie africaine et coloniale. A. Faivre, éditeur, Paris, 1893.

Le Maroc est appelé certainement à un grand avenir agricole, mais pour le moment avec l'administration inique des Caïds et les mesures prohibitives édictées par le Sultan contre l'exportation des céréales, l'agriculture est presque nulle. Etat de l'agriculture

Le paysan plante juste pour ses besoins et pour le payement des impôts. Planter plus, c'est récolter plus, c'est s'enrichir, or le riche mène une vie malheureuse, il excite la jalousie des gouverneurs, qui le dépouillent et après l'avoir accusé d'un méfait quelconque, le font enfermer à la Kasbah où il peut facilement mourir de faim.

. . . .

Les moyens de travailler sont très primitifs, les charrues sont celles dont on se servait il y a des siècles.

. . . .

Autrefois le Maroc fut un des greniers de Rome.

. . . .

Il existe des gisements de houille autour de Tanger. Mines
Les richesses minérales ne manquent pas, au Maroc, le cuivre, le fer, l'argent, l'or, le plomb, l'antimoine, l'étain, le soufre, le nickel existent certainement dans ce pays ; pour le moment, l'extraction du minerai est nulle, on crèverait les yeux à celui qui se livrerait à ce travail. Une chose certaine, c'est l'existence de riches gisements de houille et de sources de pétrole.

. . . .

Avenir pour les Européens.

Au Maroc, le point important pour tout commerçant, c'est de poser des jalons et se rendre bien compte de ce que sont les objets de première nécessité chez les Marocains, d'étudier leurs goûts, leurs habitudes, et de vendre même à petit bénéfice, quand ce ne serait que pour se conserver le marché.

Le jour où le Maroc appartiendra à une puissance européenne ou changera de constitution, c'est-à-dire le jour où les Européens pourront s'établir au Maroc, comme on le fait partout ailleurs, en achetant des terrains (ce qui pour le moment ne peut s'accorder que sur permission du Sultan qui refuse presque toujours) ; ce jour-là les Européens émigreront au Maroc comme ils ont émigré en Algérie, l'agriculture se développera forcément par suite de l'accroissement de population, le nombre des colons augmentera ; les mines s'ouvriront, l'industrie prendra naissance, le commerce deviendra 10, 20 et 30 fois plus important qu'il ne l'est aujourd'hui.

. . . .

Extrait du *Rapport* de M. Edmond Doutté, qui a accompli récemment au Maroc une *mission d'études sous les auspices du Gouvernement général de l'Algérie, du Ministre de l'Instruction publique, du Comité de l'Afrique française et de la Société de Géographie.* — *Rapport* publié dans le numéro de décembre 1901 du bulletin du *Comité de l'Afrique française.*

Villes.

Chacune des villes de la côte, qui ont paru à certains voyageurs si semblables entre elles et qui sont cependant si profondément différentes, nous a semblé ainsi avoir sa caractéristique spéciale.

Larache, ville de trafic abhorrée des musulmans purs, sans population citadine, est le port de Fez ; *Rabat*, clé de l'empire, commandant le chemin qui relie les deux capitales, ville très musulmane, avec une population de citadins lettrés est le débouché de Méquinez et d'une région extrêmement fertile ; *Casablanca*, ville bédouine, exclusivement commerçante, dessert le pays des Chaouia, un des plus féconds du Maroc, mais ne commande aucune grande route vers l'intérieur ; *Mazagan*, ville bédouine, porte de Houz, à l'entrée d'une voie d'invasion menant à Merrâkech, est de plus le débouché d'une riche région ; *Saffi*, vieille ville contenant quelques lettrés, plus musulmane que ses voisines, actuellement dominée par les Anglais, est le chemin le plus court de Merrâkech à la côte, mais avec un très mauvais port, et une route offrant moins de ressources que celle de Mazagan ; *Mogador* enfin, ville nouvelle, sans vieilles traditions, avec une population juive énorme, chemin de Merrâkech plus long que les autres, est un merveilleux sanatorium à cause de son climat, mais n'est, au point de vue économique, que le débouché provisoire du Soûs, du Drâ, et même de l'Adrar, jusqu'au jour où les ports du Soûs seront ouverts à l'Europe.

. . . .

On l'a dit maintes fois, et il faut le répéter en ce qui concerne le Maroc, l'esclavage chez les musulmans est doux : l'esclave est traité sur le même pied que les membres de la famille et son sort est infiniment supérieur à celui de nos domestiques européens, bien que ceux-ci soient de libres citoyens. Toute croisade anti-esclavagiste vis-à-vis du Maroc serait donc, pour le moment, déplacée, maladroite et même injuste, car elle ferait des déclassés de ceux qu'elle prétendrait libérer d'une situation où ils se plaisent. Ceci posé, il n'est pas inutile de noter la façon abusive, au point de vue du droit musulman, dont se recrutent parfois les esclaves marocains. Indépendamment des noirs apportés par caravane du Soudan, nous avons vu, en effet, Esclavage.

vendre sur le marché d'esclaves de Merrâkech des femmes des tribus marocaines, principalement des tribus montagnardes. Ce sont des jeunes filles qui sont ou volées ou capturées dans les razzias opérées par les colonnes marocaines et qui, bien que musulmanes, sont prises comme esclaves. Ces « berguiât » (brunes) sont même plus recherchées que les autres : leur condition d'ailleurs, n'est même pas pire que celle qu'elles auraient eue dans leurs montagnes, si l'on met de côté cet amour de la vie en plein air qui fait que les musulmanes des campagnes s'habituent avec tant de difficulté à la vie des villes.

Extrait de « *Le Maroc Moderne* », par Jules Erckmann, capitaine d'artillerie, ancien chef de la mission militaire au Maroc. Challamel, éditeur, Paris.

Voyage dans l'intérieur du pays.

Le Maroc est un pays privilégié de la nature, l'eau y est plus abondante qu'en Algérie et la région saharienne commence à une latitude plus basse.

Mais afin d'éloigner les voyageurs, le gouvernement ne fait rien pour les communications, en sorte qu'au Maroc il n'y a aucune route proprement dite ; on n'y trouve que des sentiers arabes quelquefois très accidentés.

On voyage à cheval ou à mule ; on doit emporter de nombreuses provisions pour soi, des tentes, se faire escorter par un *mokhazni* (cavalier) qu'on paie cinq francs par jour et se munir d'une lettre de recommandation pour les gouverneurs des endroits qu'on doit visiter.

Tout va bien quand on connaît l'arabe ; mais si on ignore cette langue on est soumis à une foule de désagréments. Le voyageur qui prend à Tanger un interprète de profession est condamné à être constamment trompé : il achète cher, vend bon marché et rapporte sur toutes choses des renseignements inexacts.

Pour comble de malheur, ces interprètes se connaissent tous et s'entendent comme larrons en foire, ils racontent à tout le monde les mêmes boniments et les mêmes mensonges, en sorte que les mêmes erreurs se perpétuent indéfiniment.

. . . .

Au Maroc, presque tout s'explique par le *Coran*, qui est la loi suprême des musulmans. Religion.

Chez eux le Coran passe pour avoir été dicté par Dieu lui-même ; ses versets sont des axiomes dont il est interdit de s'écarter.

. . . .

Au Maroc, les *chérifs* font précéder leur nom du mot : *Moulay* (mon maître). En Orient on leur refuse ce titre. Chérifs.

. . . .

On appelle *tribus* du Maghzen, celles qui, en échange du privilège de ne pas payer d'impôts, fournissent au Maghzen un certain nombre de combattants, généralement cavaliers. Tribus du Maghzen.

Ces tribus ont : soit des biens *melk*, soit des terres du Sultan, soit les deux à la fois. Elles forment une sorte de colonie militaire : leurs chefs portent le nom des grades usités dans l'armée.

. . . .

Les Arabes sont habitués à la privation de nourriture et supportent la faim avec beaucoup de philosophie : quand ils ont de quoi manger, ils engraissent à vue d'œil. Nourriture.

. . . .

Ce qui va suivre s'applique surtout à Fez et à Maroc: Casbah.

La *Kasbah* renferme le palais du gouvernement (dar Maghzen), un magasin à poudre, une sorte d'arsenal, une prison d'Etat, des masures délabrées dans lesquelles habitent les familiers du palais et le guich de la ville, et enfin quelques misérables boutiques tenues par les soldats.

La Kasbah est commandée par un Pacha qui a sous ses ordres toutes les troupes du Maghzen, à l'aide desquelles il peut observer les environs.

En l'absence du Sultan, ce Pacha est chargé spécialement, de la surveillance du palais, des domaines, des esclaves ; il est aidé dans sa tâche par des *oumana* (administrateurs).

. . . .

Cimetières. Les cimetières sont situés aux environs des portes des villes.

Les corps enveloppés d'un drap, sont déposés dans un fossé et entourés ensuite d'un cadre en pierres sèches

Ces cimetières, qui ne sont pas enclos de murs, ne ressemblent en aucune façon à nos champs de repos ; on y circule comme dans des lieux ordinaires. Aucune pierre tumulaire, aucune inscription ne vient rappeler aux passants que quelqu'un s'est intéressé aux morts : de loin, ils ont l'air d'un entrepôt de matériaux de démolition.

Cadi. Le Coran étant la loi civile des Arabes, les hommes qui savent le mieux en appliquer les principes sont naturellement appelés à juger leurs compatriotes ; la justice et la religion se trouvent donc intimement liées.

Parmi les quatre rites qui existent dans l'islamisme, le seul qui soit pratiqué au Maroc est le rite malaki.

Le *Cadi* qui est chargé de rendre la justice d'après ce rite, est en même temps un des principaux chefs de la religion ; il est aidé par des *adouls* (notaires), par des tolba et par des *moujiin* (experts). Tous ces personnages sont payés sur les biens des mosquées *(hâbas)*, en sorte qu'à proprement parler, ils ne sont pas des agents du Maghzen ; néanmoins il y a bien peu de cadis indépendants.

. . . .

Mariages. Les mariages se font et se défont avec la plus grande facilité.

Les musulmans peuvent épouser quatre femmes et divorcer sous une foule de prétextes ; le mari achète sa femme sans l'avoir vue ; préalablement il la fait examiner par les femmes de sa famille.

Quand la future est pauvre, le mariage se fait très rapidement : on donne un habillement à la mère ; on passe chez les adouls qui font le contrat et le donnent au mari ; il n'est pas nécessaire de faire une cérémonie quelconque.

Si on a l'intention de divorcer, on rend à la femme son papier, on donne quelque argent au Cadi et le divorce est prononcé ; pour moins de 50 francs, on peut se marier, divorcer et se remarier en moins de quinze jours.

Dans les familles aisées, les mariages sont plus sérieux, parce que les époux ont de la fortune et que chacun évite de faire prononcer le divorce à son désavantage.

. . . .

Esclaves.

Les nègres et négresses qu'on trouve au Maroc viennent du Soudan. On les achète généralement pour une certaine quantité de sel gemme.

Une jeune négresse peut valoir jusqu'à 500 francs ; une vieille n'atteint pas le prix de 20 francs.

Note d'un explorateur qui, chargé d'une mission particulière, a, en 1899, parcouru le Maroc dans tous les sens.

Les Européens au Maroc. Voyages.

Il n'y a pas de routes au Maroc ; elles ne serviraient, dit-on, au Maghzen, qu'à amener une quantité de chrétiens qui, bien vite éblouis par la richesse du pays, chercheraient à le conquérir. On ne trouve donc que des sentiers parfois très accidentés. Les voyages se font à cheval ou plutôt à mule (plus rapide et moins fatigant) ; on doit emporter sa tente, ses provisions et se faire escorter d'un soldat. La présence de ce cavalier engage la responsabilité du Sultan vis-à-vis de la légation dont dépend le voyageur européen. Chaque soir on campe près d'un douar et le caïd, moyennant une rétribution, fournit des gardiens pour la nuit. Bien entendu il ne faut s'aventurer que sur le territoire des tribus soumises, ainsi pour se rendre de Marrakech à Fez le Sultan lui-même marche d'abord vers Azemmour et remonte ensuite, sans s'écarter beaucoup de la mer, jusqu'à Rabat.

Sur toute la côte, les populations des campagnes en contact avec les Européens depuis longtemps, s'abstiennent de manifestations malveillantes à leur égard.

Lorsqu'un chrétien arrive dans une ville de l'intérieur il n'obtient un logement que s'il a été officiellement annoncé au Pacha. Dans ce cas on lui assigne une maison vacante ou même une maison habitée dont le propriétaire est expulsé pour la circonstance ; à partir de ce moment la maison du chrétien est étroitement surveillée et des rapports de police sont faits sur ce qui s'y passe.

L'Européen voyageant sans lettres d'introduction doit mendier un taudis dans le quartier juif ou dans un ignoble caravansérail.

Les rues sont remplies à certaines heures d'une foule grouillante et déguenillée au milieu de laquelle on ne peut circuler à pied, aussi tout individu qui se respecte ne paraît en public qu'à cheval ou bien, et surtout, à mule, toujours au pas.

Le service de voirie n'existe pour ainsi dire pas ; les fondrières sont nombreuses ; les immondices et les animaux morts sont déposés sur les terrains non bâtis. Les maisons ressemblent extérieurement à des prisons, elles ont une apparence délabrée, car les Maures cherchent tous à passer pour pauvres (et pour cause) et le plus méchant tour qu'on puisse leur jouer, c'est de répandre le bruit qu'ils sont riches.

Le chrétien est fréquemment insulté dans les villes, mais il est rare qu'on se porte sur lui à des voies de fait car le quartier dans lequel l'affaire aurait eu lieu, serait obligé de payer une forte amende. Il a souvent de la peine à se procurer ce dont il a besoin, doit en un mot supporter des vexations contre lesquelles il est difficile de réclamer, car on ne peut forcer les gens à être aimables.

Les Européens fixés au Maroc se déchirent mutuellement au lieu de se soutenir. Ils ont comme agents commerciaux ou agricoles des marocains et des israélites auxquels on accorde la protection consulaire. Ces agents n'étant plus soumis aux lois du pays, profitent souvent de la situation pour commettre des actes répréhensibles et narguer les caïds ; ils attirent au Consul maints désagréments.

En dépit des obstacles qui se dressent devant les Européens, ceux-ci sont attirés au Maroc, chaque jour plus nombreux, parce qu'ils ont l'espoir que ce riche pays sera mis en valeur tôt ou tard.

Extrait de « *Une mission à la Cour Chérifienne* », notes de voyage par Madame A. de B. (1). Editeurs : Georg et Cie, éditeurs à Genève, et librairie Fischbacher, 33, rue de Seine, Paris, août 1901.

Je vais parler du système administratif qui régit le Maroc, système déplorable par ses résultats mais dont la théorie est bien, par certains côtés, en harmonie avec le pays. Ce qui prouve une fois de plus que la mise en pratique des théories ne répond pas toujours à ce qu'on pourrait attendre d'elles.

I. Maghzen. Le Vizir, dignité qui signifie « aide », est investi de la première charge de l'empire, créée par le prophète qui nomma Abou-Bekr son Vizir.

(1) A la première page de sa charmante brochure, l'auteur soulève lui-même le voile de son anonymat, car il débute ainsi :

« Une grande puissance ayant créé un poste « diplomatique au Maroc, son premier représentant, « mon mari, dut se rendre à la cour chérifienne pour « y remettre, selon l'usage, entre les mains du Sultan, les lettres de créance qui inauguraient des « relations diplomatiques directes entre son puis« sant pays et l'Empire si peu connu du Soleil cou« chant (Moghreb-el-Aska).

« Il s'agissait d'aller non à Fez, mais à Maroc « (Marrâkech), résidence actuelle du souverain. »

Madame de Bacheracht a très bien fait de publier ce que « chaque soir, sous la tente, elle notait au courant, pas même de la plume, mais du crayon ». Ses notes n'ont pas seulement, comme elle le dit, « le mérite d'avoir été prises sous l'impression du moment » et d'être ainsi une photographie littéraire, elles contiennent de nombreuses considérations et de très sages avis. — A. C.

1-2-3-5-8. Types de marocains. — 4. Entrée de la villa Bonnet.
6. Borne en maçonnerie avec tige de fer pour terrains sablonneux.
7. Femme du Riff.

Au Maroc, le Vizir ou grand Vizir est le ministre général, chargé des affaires étrangères, de la guerre, de l'intérieur et de la justice.

Comme chef supérieur, mais ne pouvant activement s'occuper de toutes ces charges, le Vizir nomme, ou fait nommer par le Sultan, des personnes de sa famille, ou jouissant de sa confiance, à la tête de chacun de ces départements. Le Sultan nomme aussi un Ministre des finances, chargé de la perception des impôts, de la nomination des « Oumanas » ou administrateurs des douanes, etc... Ce personnel avec notaires, écrivains et autres employés du palais forme « le Maghzen ». Du reste le Sultan est le maître absolu de ses actions et de ses sujets.

Pour les affaires intérieures de l'empire, le Sultan nomme encore des gouverneurs (caïds) dans chaque ville ou chaque district. Ces gouverneurs administrent d'après leur propre critérium, à la façon des anciens satrapes de Perse, imposant des amendes, prélevant des impôts arbitraires sur leurs administrés, qu'ils soumettent à toutes les vexations imaginables, afin de leur soutirer le plus d'argent possible, de s'enrichir et de pouvoir aussi enrichir les personnages influents de la Cour. C'est leur façon de se maintenir en place. Dernièrement le caïd de Fez, sentant sa situation ébranlée, alla porter à Merrâkech pour un million de cadeaux. Il fut maintenu, mais que de malheureux n'a-t-il pas faits pour être à même d'offrir ce million !

La disgrâce de la Cour est fort redoutée, car elle est le plus souvent le prélude d'un internement dans une prison quelconque. Or, les prisons du Maroc sont loin d'offrir le confort relatif que la civilisation s'applique à donner à celles d'Europe. Les prisonniers sans famille sont nourris par la charité publique. Si cette charité fait défaut, les prisonniers meurent de faim.

Les caïds n'ont généralement pas le cœur tendre et savent faire face aux exigences de la Cour au point de vue des cadeaux. C'est ce qui les maintient au pouvoir, de père en fils, tout en les faisant détester par leurs administrés, mais ils se soucient fort peu de la popularité.

Une fois par an, à l'occasion de la fête du mouton, ils doivent aussi se rendre auprès du Sultan, porteurs de leur tribut personnel, qui varie entre 50.000 et et 300.000 pesetas d'après l'importance du district qu'ils commandent.

Les caïds ont comme personnel à leurs ordres, un kalifa ou lieutenant nommé aussi par le Sultan, un ou deux secrétaires et 50 à 100 soldats, employés à toute espèce de services, souvent pour accompagner les étrangers qui voyagent à l'intérieur et aussi pour être engagés, en qualité de « kavas », dans les légations et consulats étrangers.

Les districts ou départements sont divisés en kabyles, dont chacune a un cadi (juge), indépendant de l'autorité du caïd.

Les kabyles se fractionnent en « dehars » ou « douars » composés de 50 à 100 chaumières, dirigés par une espèce de municipalité, composée des vieillards ou anciens du dehar, nommée « jemma ». La jemma est présidée par un cheik, élu par elle et confirmé par le caïd du district.

Les douars réunis forment dans la kabyle une sorte de fédération dans laquelle aucune personne étrangère à elle ne peut intervenir. Les jemmas veillent à la sauvegarde de la propriété publique, ainsi qu'à la sécurité publique et sont directement et collectivement responsables devant le Sultan, des crimes ou vols commis sur leur territoire.

Administration religieuse.

Les mosquées, construites par les Sultans ou par des particuliers, sont soutenues par des offrandes pieuses qui consistent principalement en immeubles inaliénables (Houbous), dont les revenus sont affectés au culte.

III. Justice.

Dans chaque ville ou kabyle, il y a un « cadi » nommé par le Sultan et indépendant du caïd. Il est juge unique, en matières religieuses et civiles, suivant le Coran et la loi malékite (1). C'est lui qui légalise les documents publics, les contrats d'achat et de vente, qui autorise les mariages, les divorces, qui intervient dans le partage des héritages et qui lit le Coran dans la mosquée.

La magistrature, au Maroc, se compose, en dehors du cadi, de l' « Ouquil » (procureur), du « Naïb » (curateur), de l'« Adoul » (écrivain notaire), du « Taleb » (jurisconsulte), du « Faquih » (docteur), du « Moufti » (premier docteur) et finalement du « Medjles-el-Oulama » ou tribunal supérieur, composé des plus grands savants de l'empire, avec siège à la Cour et dont le président porte les titres de « cadi-el-cadi » (juge des juges).

Les contributions du gouvernement sont : IV. Finances.

Le el-Aachor ou droit de dime sur la richesse agricole et le bétail ; le droit des portes (2) ; le droit sur le kif (3) ; les droits de douane et la « Hedia » ou contribution directe que payent au Sultan tous ses sujets, le jour de la fête du mouton.

Dans toutes les villes, le Sultan nomme un « Maktseb » choisi parmi les notables. Il doit veiller à l'exactitude des poids et mesures, ainsi qu'à la bonne qualité des denrées.

L'armée marocaine se compose des Askars, des Mekhaznia des Tabhia et des Bahria. V. Armée.

L'Askar ou infanterie régulière, fut créée par Muley Abdel Soliman, après la défaite de ce Sultan à Isly ; elle suit le Sultan dans ses expéditions et forme la garnison des villes fortes de l'empire.

Le corps des Boujari, formé par des nègres, fut créé par le Sultan Muley Ismael, en l'année 1673. Il était dans le temps très puissant et arriva à proclamer sultan celui qui rétribuait le mieux ses services. Les Bou-

(1) De el-Maleck qui a été au Maroc un des premiers interprètes du Coran.

(2) Sorte d'octroi aux portes d'entrée des villes.

(3) Herbe qui remplace au Maroc le hastchich.

jari, avec la tribu des Oudaias, toujours fidèle à la dynastie Filali, forment l'armée irrégulière appelée aujourd'hui « Mekhaznia ».

Les Tabhia (artilleurs) sont très réduits en nombre. Ils forment, avec l'Askar, la garnison des villes fortes de l'empire et suivent le Sultan dans ses déplacements

En dernier lieu il y a les Bahria (gens de mer), équipage des trois navires du Sultan. Ce sont eux qui gardent aussi les ports et les douanes du Maroc.

Ces rouages administratifs, ouvrant par leur arbitraire la porte à tous les abus, à toutes les exactions, rendent au Maroc, plus qu'en tout autre pays musulman, indispensable la défense des intérêts des résidents et commerçants européens, par le régime des capitulations. Ce régime, hélas, à son tour, avec le système de protection à outrance, — souvent abusif, — qui en résulte et l'ingérence dans les affaires intérieures, à laquelle il sert de prétexte, crée une situation non faite pour populariser l'étranger. Ce dernier devient un être privilégié, inviolable, contre lequel l'indigène ne peut soulever de réclamations, ni même se défendre.

Dans ces conditions, il n'est pas étonnant que les Marocains préfèrent encore être pressurés par les leurs, plutôt que de se voir la victime d'exploiteurs venus du dehors.

Ainsi l'on ne saurait, en bonne justice, leur en vouloir d'être absolument réfractaires aux bienfaits de la civilisation européenne, laquelle, en pénétrant chez eux, mettrait, — ils s'en rendent parfaitement compte, — fin à leur indépendance.

Pour ma part, je ne puis que souhaiter aux habitants du Moghreb, — et je le fais de tout mon cœur, — de voir le *statu quo* politique sauvegarder de longues années encore la demi-sauvagerie, si pleine de charme, de leur étrange pays.

Extrait de la revue « *Armée et Marine* »,
n° du 7 juillet 1901.

L'Armée marocaine.

Il n'y a pas de casernes ; les soldats vivent sous la tente ou dans ces taudis malpropres qu'on appelle caravansérails chez les Orientaux et fondouk au Maroc. Ils sont mal vêtus, mal nourris, et leur solde est infime ; aussi la plupart d'entre eux, même les gradés, exercent-ils un métier ; c'est dire que l'on ne va pas souvent sur le terrain de manœuvres et que beaucoup d'hommes ne sont militaires que de nom.

Quant à la discipline, elle est à peu près nulle, bien que l'on use du fouet et du carcan pour maintenir les troupes dans l'obéissance ; ces châtiments peuvent atteindre les officiers comme les simples soldats. Il n'y a d'ailleurs pas de chefs d'un rang élevé, parce que le Maghzen craindrait de les voir prendre de l'autorité à ses dépens. Les gradés n'ont point d'autre insigne que le baudrier du sabre, ils jouissent de peu de considération. On appelle caïd mia le chef de cent hommes et caïd agha le chef d'un bataillon ou tabor. L'infanterie comprend une trentaine de ces tabors, que l'on distingue par le nom de l'agha qui les commande ou de la tribu qui les fournit ; il y a aussi le tabor des nègres et celui dit « des instructeurs ». Dans ce dernier ne figurent plus qu'un très petit nombre des hommes jadis envoyés à Gibraltar et dressés par les Anglais, il continue cependant à passer pour le bataillon d'élite.

Les fantassins ont une calotte rouge, une veste rouge; une culotte bleue et une paire de babouches, pas de sacs ni fourniments, des fusils européens de modèles divers, assez mal entretenus ; les uns laissent la baïonnette au bout du canon, les autres la portent à la main ou la suspendent au col de leur veste, d'autres n'en ont pas. Chaque tabor a ses tambours, ses bugles, ses sapeurs et de petits fanions multicolores.

L'artillerie est aussi faible comme qualité que comme quantité, et son matériel tout à fait disparate.

A côté de quelques canons Krupp, Canet ou Withworth, de mitrailleuses belges et anglaises, on voit des pièces lisses en bronze, de fabrication espagnole, des mortiers et une batterie de ces canons Parrott que nous employâmes en 1870.

Les canonniers ne savent pas grand'chose, mais éprouvent une certaine fierté à se servir d'engins redoutables et quasi sacrés, puisqu'il est souvent permis de prêter serment « sur les canons » ; aussi tel homme qu'on ne voit jamais en temps ordinaire, ne manque pas de revendiquer son droit à manier l'écouvillon dans les circonstances solennelles. Conducteurs et servants se mettent parfois à réciter tous ensemble des versets du Coran au cours d'un exercice. Ils sont habillés comme les fantassins, armés de mousquetons et manœuvrent à la française au son des trompettes.

Mulay-Hassan, père du Sultan actuel, aimait beaucoup à abattre des cibles à coups de canon ; il se livrait durant des heures à cet amusement dans une cour de son palais.

Les cavaliers sont jalousés par les soldats des autres corps, parce qu'ils sont les mieux traités et qu'ils ont des occasions de gagner quelque argent. Leurs fonctions sont multiples : on les charge par exemple d'escorter un négociant d'une ville à une autre, de procéder aux arrestations, de porter des ordres. Ils ont un peu le rôle de nos gendarmes et forment la garde du Sultan ; ils portent un burnous, se couvrent la tête d'une chéchia pointue et sont armés de fusils arabes et de yatagans.

Signé : VALOLIVE.

LE SULTAN DU MAROC

Extrait d'un article de M. G. Labadie-Lagrave, paru dans le « *Figaro* », numéro du 22 juillet 1901.

Appelé au trône à l'âge de seize ans par une intrigue de Cour qu'il avait ignorée, le jeune Abdul-Aziz, dernier des fils de Muley-Hassan n'a pas troublé son grand Vizir dans la possession d'une autorité conquise par la ruse et la force. Si-Ahmed régna paisiblement jusqu'à sa mort pour le compte de son maître, et laissa une fortune énorme, qui fut, suivant le droit public du Maroc, confisquée tout entière au profit du Sultan. Il est admis à la Cour du Fez que le Chérif est l'héritier le plus naturel des ministres qui s'enrichissent trop vite, et que les hauts dignitaires de l'Etat doivent s'estimer heureux lorsque l'intervention du coupe-tête ne hâte pas l'ouverture de leur succession. A peine débarrassé de la tutelle du grand Vizir qui l'avait fait empereur sans le consulter et n'aurait probablement pas toléré la moindre velléité de révolte de la part d'un souverain qu'il considérait comme son œuvre, Muley-Abdul-Aziz, après quelques tâtonnements, n'a pas tardé à déléguer son autorité entre les mains d'un nouveau maire du palais. Si-Mehedi-el-Menebhy, ancien favori de Si-Ahmed, a hérité de la toute-puissance de son défunt protecteur et l'a choisi pour modèle. C'est lui qui exerce aujourd'hui les fonctions de Vice-Sultan du Maroc, et en dehors de Si-Abdul-Kerim-ben-Suleiman, qui dirige les affaires étrangères avec une habileté diplomatique et une autorité morale suffisantes pour lui donner droit à quelque indépendance, tous les autres ministres sont des parents ou des créatures du grand Vizir et exécutent docilement ses ordres. Lorsque l'omnipotent arbitre du gouvernement marocain a jugé à propos d'envoyer des ambassadeurs extraordinaires du Chérif dans toutes les capitales de l'Europe, il s'est donné à lui-même la mission de se rendre à Londres, tandis que Si-Abdul-Kerim a été chargé de négocier avec le cabinet de Paris.

Le jeune souverain, qui n'a pas encore eu l'ambition d'être lui-même son premier ministre, se contente pour le moment, des avantages extérieurs et décoratifs de la royauté. Cet empereur de vingt-deux ans, à la taille bien prise, aux grands yeux noirs, au teint brun, aux traits énergiques et réguliers, répond exactement à l'idée que les populations arabes se font d'un maître. Lorsque Muley-Abdul-Aziz monte un cheval et que les plis de son burnous blanc flottent sur la housse verte de sa selle brodée d'or, il apparaît aux yeux de ses sujets, comme une évocation vivante des rois maures qui conquirent l'Espagne.

Les chevaux que monte le Chérif n'ont rien de commun avec les animaux savants qui portent les souverains d'Europe et ont été habitués de longue main à observer les règles du cérémonial. Muley-Abdul-Aziz est fier d'être un des meilleurs cavaliers de son empire et fait volontiers admirer son talent.

« J'ai rarement eu sous les yeux un plus beau spectacle, dit M. Walter Harris dans le *National Review*, que celui de ce jeune calife aux prises avec un cheval indompté. La bête se cabrait et faisait des bonds formidables, tandis que le Sultan, ferme sur ses étriers, restait en selle sans manifester aucun signe d'émotion. »

Cette vision d'un Emir-al-Moumenin du temps des Omniades se dissipe dès que le Chérif est descendu de cheval. Le Maroc se défraîchit. Tandis que, pendant les plus froides nuits de décembre, Muley-Hassan s'arrachait aux douceurs du sommeil à l'heure où la voix du Moueddin appelait les fidèles à la prière et traversait le camp pour se prosterner devant Allah à l'intérieur de la tente transformée en mosquée de campagne, son fils est loin d'apporter la même ferveur dans l'accomplissement de ses devoirs de descendant de Prophète.

Ce n'est pas qu'au début de son règne Muley-Abdul-

Aziz n'ait manifesté quelque tendance au fanatisme religieux. Un jour, au grand scandale du ministre plénipotentiaire du Royaume-Uni, le jeune Sultan se permit de recevoir dans les plis de son burnous une lettre autographe de la reine Victoria afin qu'un message de provenance chrétienne ne souillât pas les mains d'un héritier direct de Mahomet. Depuis cette incartade, qui faillit provoquer des complications diplomatiques, le Chérif obéissant à l'influence exercée sur lui par sa mère, se montra moins intolérant à l'égard des peuples infidèles et manifesta un goût chaque jour plus vif pour les inventions de la science européenne. La Sultane mère est une Circassienne qui a été élevée à Constantinople où elle s'est initiée aux merveilles de la civilisation moderne, complètement ignorées des autres femmes de Muley-Hassan. C'est elle qui a inspiré à son fils la passion de la photographie.

« Il n'est pas douteux, dit le collaborateur de la *National Review*, que le jeune Chérif ne soit doué d'une très vive intelligence. Il a acquis, en peu de temps, un remarquable talent de photographe et les résultats qu'il obtient feraient honneur à un homme du métier. Il ne se contente pas de développer et de tirer lui-même ses épreuves, il les colle, les monte, les encadre et sait donner à tout ce qui sort de ses mains un cachet artistique. Le Sultan ne porte guère moins d'intérêt aux autres conquêtes de la science moderne. Il ne lui suffit pas de voir fonctionner sous ses yeux un téléphone, une lampe électrique ou tout autre de ces appareils où la plus mystérieuse des forces de la nature asservie à la volonté de l'homme produit chaque jour des miracles, il lui faut des explications ; Muley-Abdul-Aziz veut élucider jusque dans les plus petits détails une infinité de questions d'ordre scientifique qui, pour être comprises à fond, exigeraient des connaissances spéciales extrêmement étendues. »

Cet impérial photographe qui prend des instantanés de son règne et qui, dans les audiences solennelles où il reçoit le personnel de la légation britannique, regrette de n'avoir pas sous la main son appareil pour prendre sur le vif le portrait de l'attaché militaire dont le bonnet à poil excite son attention à un bien plus haut degré que les paroles prononcées par le ministre plénipotentiaire ; ce descendant de Mahomet qui manifeste un intérêt si prononcé pour les inventions et les découvertes de la science occidentale, ce Chérif authentique qui prétend avoir seul le droit de porter le titre de commandeur des croyants et se laisse gagner par la contagion des idées et des coutumes des infidèles, a su pourtant conserver intacte une des plus anciennes traditions de son empire et de sa dynastie. Muley-Abdul-Aziz n'apprécie pas les raffinements de l'art culinaire qui fleurit dans la vieille Europe ; les cuisines impériales du Maroc sont restées une institution d'Etat qui n'a subi aucune modification depuis le dix-septième siècle.

Interview du Sultan par le correspondant du *Times*. Traduction publiée par le *Matin*, en son numéro du 18 novembre 1901.

Marrakèsh, 6 novembre. — J'ai eu l'honneur d'avoir une longue entrevue avec le Sultan hier après-midi. En entrant dans le palais, on m'a fait traverser une cour ouverte où, sur un côté, se trouvaient placées les cages contenant la collection d'animaux sauvages de Sa Majesté, tandis que des moutons sauvages de la Barbarie, des gazelles, des sangliers et des grues erraient en liberté.

Sa Majesté était assise sous une arcade d'une magnifique cour de construction moderne mais bâtie et décorée dans le plus pur style arabe.

Le ministre de la guerre Kaïd Mehedi-el-Menebhi, l'ambassadeur spécial qui avait été envoyé à Londres, et sir Harry Mac Lean étaient présents.

Mulay Abdoul el Aziz a été désavantagé dans les photographies qui ont paru de lui dans les journaux. Il est grand et bien bâti, avec une expression des plus intelligentes et des plus aimables, et ses manières vous mettent tout de suite à l'aise. Il était vêtu de blanc et portait un turban blanc enroulé autour de son fez rouge.

Sa Majesté a tout de suite entamé une conversation animée, et pendant presque une heure a discuté des questions d'intérêt général. Son intelligence est remarquable et il a recueilli plus qu'une connaissance superficielle sur une foule de sujets. Il produit une impression tout à fait fascinante et il représente un des plus beaux types de l'aristocratie arabe, sans étaler cette arrogance qui dépare trop souvent son caractère.

Sa Majesté a été des plus aimables envers moi et nous ne nous sommes pas servis d'interprète, la conversation ayant eu lieu en arabe.

Il ne fait pas doute que le Sultan est animé des meilleures intentions, mais il est très gêné par les influences de son entourage. Avec des Vizirs honnêtes et aux idées larges, il y aurait toutes les raisons d'espérer une période de jours meilleurs pour le Maroc.

Mulay-Abdoul-el-Aziz est encore jeune, il n'a probablement pas plus de vingt-deux ans et ce n'est que dernièrement qu'il a commencé à faire sentir son autorité au pays. Il a une tâche très difficile devant lui, mais on peut espérer qu'il vivra assez longtemps pour voir d'importants changements survenir dans l'administration de son pays. Il ne cache pas son désir de voir des réformes s'accomplir dans toutes les branches de son gouvernement.

Je m'attendais à voir dans ce Sultan retiré et presque inconnu un de ces types orientaux sans aucune expression tandis que je me suis trouvé en réalité en face d'un jeune homme énergique, intelligent et charmant.

J'ai quitté le palais en concevant plus d'espoir que jamais pour l'avenir du Maroc.

(Times)

Extrait du *Bulletin du Comité de l'Afrique Française*, n° de décembre 1900.

Les intérêts allemands.

D'après un rapport officiel du ministère de la marine allemand, il y a, dans le ressort du consulat de Tanger, seize maisons allemandes faisant le commerce d'importation, d'exportation et de commission, surtout avec l'Allemagne et l'Angleterre. Leur capital d'exploitation s'élève à près de 2 millions de marks. Les crédits garantis au commerce par les maisons allemandes dépassent à l'ordinaire 2 millions de marks et beaucoup plus dans les années de bonne récolte. Dans quatre ports, le pavillon allemand a la prééminence. Il vient presque au premier rang pour les exportations. Dans le commerce d'importation les Allemands sont fortement distancés pour le sucre, et les cotonnades qui viennent d'Angleterre ; mais, pour le thé, Hambourg et Brême pourraient sans peine rivaliser avec Londres. A Mogador en 1900, les importations de l'Allemagne ne représentaient que 5,7 % au total, mais les exportations, qui formaient 22 % en 1898, ont atteint la proportion de 34 %. Si l'on tient compte des maisons industrielles allemandes représentées au Maroc et des compagnies d'assurances, on voit que la valeur totale des intérêts de l'Allemagne dans ce pays se monte à 8 ou 10 millions de marks.

Ces intérêts seraient bien plus considérables encore, dit la *Kolonial Zeitung*, et un plus grand nombre d'Allemands viendraient s'établir au Maroc si les affaires de la colonisation n'y étaient entravées par la détestable situation politique qui nécessitera évidemment une intervention des puissances européennes. L'Allemagne ne se désintéresse pas de la question, car si elle se laissait prévenir par la France, elle ne ferait pas plus figure au Maroc qu'en Algérie et en Tunisie.

Extraits des « *Questions Diplomatiques et Coloniales* », n° du 1er juillet 1901.
« *L'Angleterre et la question du Maroc* », par Robert de Caix.

« La question du Maroc est hypothéquée d'une question du détroit », disait récemment un homme bien placé pour en posséder tous les aspects. C'est surtout en ce qui concerne l'Angleterre que cette expression est heureuse. Pour les Anglais, le Maroc est bien moins une grande étendue de terres fertiles, placée à l'angle nord-ouest du continent africain, que la rive méridionale du détroit de Gibraltar. Le sort de la masse de l'empire chérifien les préoccupe généralement fort peu.

. . . .

Aussi longtemps que nous devrons envisager le problème en tenant compte des désirs de cette puissance l'Angeterre, une condition préalable sera nécessaire à la réalisation de nos aspirations dans le pays voisin de l'Algérie : la neutralisation du détroit, c'est-à-dire d'une certaine bande de terre sur la rive. Sans doute, une telle mesure diplomatique ne déplairait à aucune puissance maritime n'ayant pas l'espoir d'y créer quelque établissement naval.

. . . .

Du reste, il ne faut pas oublier que la manière dont nous devons envisager la question du Maroc est exactement l'inverse de celle qui s'impose à l'Angleterre. Si, pour elle, le détroit est tout, pour nous il est relativement peu de chose, parce que les positions prises et la direction que notre situation territoriale impose à nos armements, nous obligent à le considérer comme échappant à nos moyens d'action. Au contraire, la domination plus ou moins étroite du territoire voisin de l'Algérie importe au plus haut degré à notre avenir et même à notre sécurité. Les points de vue auxquels les deux puissances doivent se placer sont donc différents, et une entente ne serait pas impossible.

. . . .

Une entente avec la France, en vue de la neutralisation du détroit, peut même paraître utile aux Anglais, pour peu qu'ils y réfléchissent profondément.

. . . .

Pour l'instant, le gouvernement britannique ne paraît songer qu'à maitenir un *statu quo* qui lui est commode, et même à l'exploiter contre nous. Sa conception actuelle, que l'Allemagne semble partager avec lui, serait d'affermir le Maroc et d'en faire un danger pour la France.

. . . .

Extrait du discours que prononça à Oran, M. Revoil, Gouverneur général de l'Algérie. Octobre 1901.

Relations de l'Algérie avec le Maroc.

Le commerce marocain n'est pas moins digne de nos efforts et de nos préoccupations. Nous possédons avec ce grand Empire le seul voisinage de terre utilisable pour ses relations commerciales : ce voisinage s'étend aujourd'hui du rivage de la mer aux confins du désert. Il n'est pas douteux que nos relations commerciales avec lui ne répondent pas encore à ce qu'elles devraient être en raison d'une situation aussi privilégiée ; je me félicite, certes, de l'accroissement considérable des importations du Maroc sur notre marché, où il vient renforcer notre production locale.

Extraits des discours prononcés par MM. Raiberti, Etienne et Delcassé à la *Chambre des Députés.*

1re et 2e séances du 21 janvier 1902.

Maintien de l'intégrité de l'empire du Maroc.

M. RAIBERTI. Les observations que j'ai à présenter à la Chambre seront très courtes et porteront sur un point précis : *le Maroc.*

Le 5 juillet 1901, M. le ministre des Affaires étrangères déclarait au Sénat que « la France, maîtresse de l'Algérie et, par cette colonie, limitrophe du Maroc sur une immense étendue, était tenue de suivre ce qui s'y passe avec un intérêt singulier, dont nul ne saurait contester équitablement la légitimité. » M. le ministre ajoutait que « notre vigilance ne tendrait qu'à assurer la tranquillité, la prospérité et l'intégrité de l'Empire chérifien. »

. . . .

Nous ne rêvons ni annexion, ni conquête. Nous n'avons qu'un but, le maintien de l'intégrité de l'empire du Maroc. Nous sommes décidés à la respecter ; mais nous sommes décidés aussi à la faire respecter par les autres.

. . . .

Instruits par l'exemple que l'Angleterre nous a donné elle-même, il nous appartient de lui faire savoir que, si nous avons pu transiger au Bahr-el-Gazal, sur des droits qui, en somme, n'étaient pour nous que secondaires, nous avons au Maroc des droits sur lesquels nous ne transigerons jamais, et, nous servant de son propre langage, de lui notifier que nous considérerions la poursuite de ses vues actuelles sur le Maroc comme un acte anti-amical.

Nous ne cherchons pas contre elle une revanche d'amour-propre. Nous défendons nos droits. La question de Bhar-el-Gazal n'était pour nous qu'une affaire de sentiment; La question de l'intégrité du Maroc touche à nos droits les plus essentiels. Nous réglons notre attitude sur nos intérêts et nous souhaitons que l'Angleterre ne trouve pas seulement dans les circonstances qu'elle traverse, mais dans le désir de ménager nos susceptibilités les plus légitimes, la raison de ne pas persévérer dans une attitude, qui ne pourrait pas se concilier plus longtemps avec les rapports de bonne amitié que notre plus vif désir est de conserver avec elle.

M. ETIENNE. . . . .

. . . .

Je n'en ai pas fini avec l'Afrique ; il est une question que notre honorable collègue, M. Raiberti, a traitée ce matin avec un remarquable talent. Tout le monde comprend qu'il y a pour nous un intérêt supérieur à ce que le Maroc soit maintenu dans son intégrité absolue. L'Europe entière sait qu'il nous est impossible d'admettre qu'une influence supérieure à la nôtre puisse s'établir au Maroc. Ce serait compromettre d'une façon absolue nos intérêts dans le bassin méditerranéen.

C'est la sécurité française qui est attachée à cette importante question.

M. le Ministre des affaires étrangères n'a pas hésité à proclamer au Sénat, comme le rappelait M. Raiberti ce matin, à proclamer devant l'Europe quel était le prix que nous attachions au maintien de notre prépondérance au Maroc. Il a su dire, j'espère qu'il le redira ici encore avec une plus grande netteté pour qu'on comprenne mieux qu'il est impossible de supporter qu'une puissance quelconque tente de diminuer notre influence au Maroc pour y substituer la sienne.

Si je tiens ce langage, si je jette ce cri d'alarme, c'est que les faits sont tangibles.

Assurément, cette action inlassable et tenace des Anglais est de nature à provoquer l'admiration, car aujourd'hui, alors que peut-être ils devraient être si prudents, alors qu'ils devraient songer à régler les énormes difficultés qui pèsent sur eux, ils continuent la même politique active et inquiétante.

Cette politique mondiale, je ne sais comment la traduire ; c'est une politique insatiable qui n'a jamais de répit, qui poursuit les autres puissances là où elles sont nettement établies. Ce Maroc, dont nous voulons réserver l'intégrité, où nous voulons avoir une influence prépondérante, ce Maroc devient la convoitise du peuple et du gouvernement anglais.

. . . .

Je crois, messieurs, que l'attitude de l'Angleterre à

cette heure a été provoquée par nos actes dans le Sud-Oranais. L'Angleterre a été émue, inquiète de constater que nous allions prendre possession de territoires qui nous appartiennent. Car — fait singulier — nous n'avons pas le droit, paraît-il, de faire, comme le disait si bien M. Ribot, en 1890, la police nous-mêmes dans des régions exclusivement françaises. L'Angleterre nous conteste, paraît-il ce droit. Elle a agi avec la dernière énergie auprès de la Cour chérifienne pour qu'elle nous adresse les plus vives protestations. La Cour chérifienne a fait entendre à notre gouvernement qu'il n'avait pas le droit d'occuper les oasis sahariennes, qu'il entamait le territoire marocain et qu'il devait abandonner ses projets immédiatement. Heureusement, le gouvernement ne s'est pas arrêté à ces protestations et il a occupé les oasis sahariennes. Mais pour prouver à l'Europe combien sa politique est pacifique, combien elle est exempte d'ambitions, la France ayant provoqué la venue d'une ambassade marocaine, a signé un protocole avec le Maroc qui assure à ce dernier juridiction — je ne dis pas possession, parce qu'il lui est impossible d'aller prendre possession de ces territoires, — mais juridiction sur des tribus sur lesquelles le Maroc n'a jamais pu établir son autorité. Nous lui reconnaissons des droits de souveraineté sur toutes les tribus du Beld-es-Sibà, c'est-à-dire sur des régions jusqu'ici indépendantes ; car le Maroc se divise en deux parties : au nord, le Maghzen, territoire appartenant à la Cour, et au sud, le Bled-Siba, territoire indépendant sur lequel le Sultan n'a aucune influence.

Or, la France, qui veut l'intégrité de l'Empire marocain, a informé les puissances européennes de ses dispositions pacifiques et a déclaré au Sultan, ainsi qu'à son ambassadeur : « Nous ne voulons pas entamer vos frontières ; nous allons au contraire augmenter votre autorité, puisque nous allons la reconnaître là où vous n'avez pas encore pu l'établir ; et cette reconnaissance va vous donner sur ces populations mêmes, une autorité exceptionnelle. »

M. LE MINISTRE DES AFFAIRES ETRANGERES. . . . .

. . . .

Quant au Maroc, je dirai que l'ambassade marocaine, qui est venue à Paris au mois de juin dernier, après le règlement des incidents du mois de mai, et qui, de Paris, s'est rendue à Saint-Pétersbourg, a eu des résultats dont je crois que l'un et l'autre pays auront lieu d'être satisfaits. Les envoyés marocains ont pu voir, et ils auront dit au Sultan ce qu'est la France, ce qu'elle peut, quels sentiments amicaux on y nourrit pour lui et son empire, et avec quelle bienveillance nous nous sommes prêtés à la réalisation des désirs qu'ils nous ont exprimés en son nom. Sur leur prière, nous avons précisé la portée et réglé les conditions d'application du traité de paix de 1845 dont les dispositions, en ce qui concerne les limites des positions respectives au sud de Figuig avaient un vague qu'explique l'insuffisance et d'ailleurs le peu d'intérêt pratique des données géographiques à cette époque ; et, par une juste répartition des tribus, qui réserve la faculté des populations, de choisir la puissance protectrice, nous avons écarté, — nous l'espérons du moins, — la principale source de difficultés avec un pays, que nul plus que nous, à cause de la communauté des frontières, n'a intérêt à savoir tranquille et prospère, que nul n'a autant de raisons que nous de vouloir indépendant.

La domination en fait étant plus efficace que celle de droit, l'initiative privée peut seconder la diplomatie, et devenir le facteur principal de son influence. Il ne faut donc pas perdre de vue qu'en s'installant au Maroc, et surtout en y créant des industries, ou en y faisant des opérations commerciales, tout Européen est à même de servir grandement les intérêts de sa patrie.

Si le nombre des établissements industriels et commerciaux à créer ou à développer fructueusement est, quant à présent, des plus restreints, la prise d'intérêts fonciers peut avoir progressivement beaucoup d'ampleur. L'article 2 de la Convention de Madrid, tout en reconnaissant aux étrangers le droit de propriété, y apporte bien une réserve en ce sens qu'il soumet l'achat de propriété au consentement préalable du Gouvernement Marocain. Mais cette restriction, qui n'a été faite que pour empêcher les acquisitions de territoires, peut difficilement s'appliquer à des achats de parcelles, surtout si les acheteurs appartiennent à une nation puissante.

Tanger, quoique faisant partie de l'Empire Chérifien, est quasi administré par le Conseil sanitaire et la Commission d'hygiène. Or, cette commission est composée d'Européens nommés à l'élection. Il ne faut pas l'oublier!

Paris, le 25 janvier 1902,

ALBERT COUSIN.

INDEX

www.ingramcontent.com/pod-product-compliance
Ingram Content Group UK Ltd.
Pitfield, Milton Keynes, MK11 3LW, UK
UKHW021057200726
13857UKWH00003B/967

9 782012 871946